세상에서 분명한 것은 단 두 가지뿐이다.
하나는 죽음이고 하나는 세금이다.

벤자민 플랭클린

가혹한 세금은 호랑이보다 무섭다.

공자

두려움은 양심이 죄에 내는 세금이다.

조지 시웰

세상에서 가장 이해하기 어려운 것은 소득세이다.
앨버트 아인슈타인

세상을 바꾼
엉뚱한 세금 이야기

세상을 바꾼 엉뚱한 세금 이야기

펴낸날 2022년 9월 15일 1판 1쇄

지은이 오무라 오지로
옮긴이 김지혜
펴낸이 강유균
편집위원 이라야 남은영
기획·홍보 김아름 김혜림
교정·교열 이교숙 정아영 나지원
경영지원 이안순
디자인 바이텍스트
마케팅 신용천

펴낸곳 리드리드출판(주)
출판등록 1978년 5월 15일(제 13-19호)
주소 경기도 고양시 일산서구 고양대로632번길 60, 207호(일산동, 대우이안)
전화 (02)719-1424
팩스 (02)719-1404
이메일 gangibook@naver.com
홈페이지 www.readlead.kr

ISBN 978-89-7277-365-8 (03320)

* 잘못된 책은 바꾸어 드립니다.
* 책값은 뒤표지에 있습니다.

세금은 인류의 역사를 어떻게 바꾸어 왔는가?

세상을 바꾼 엉뚱한 세금 이야기

오무라 오지로 지음

김지혜 옮김

1¥ FOR EACH RABBIT TAX

1873
1879

Mongol Empire Salt Tax

80%

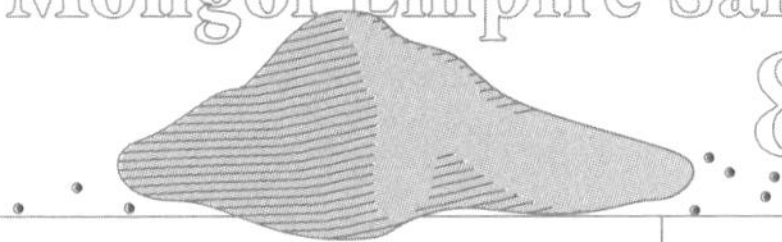

HUNGARY

POTATO CHIPS +20%

역사를 바꾼 흥미롭고도
황당한 70가지 세금 이야기

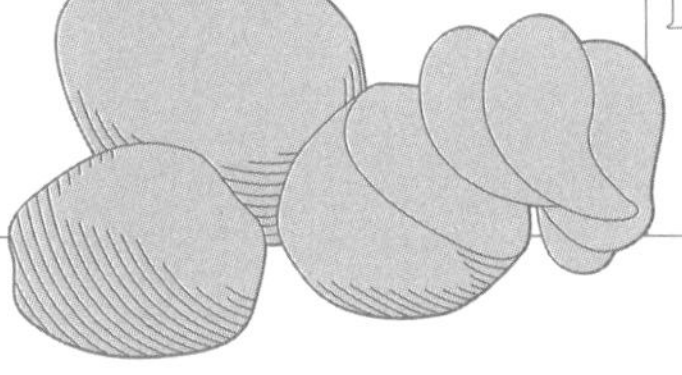

BRITISH PIRACY TAX

600,000£

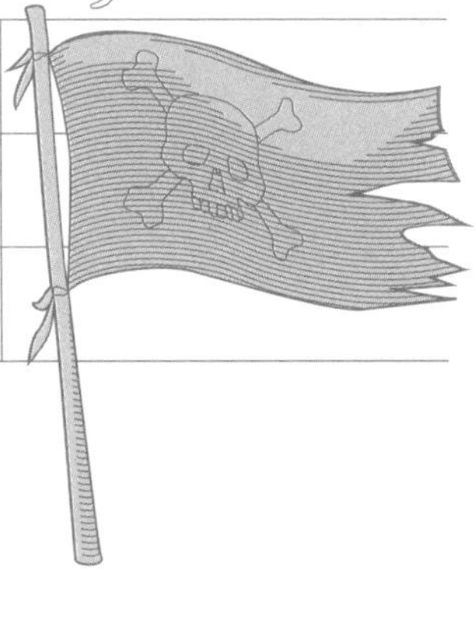

로마의 붕괴도, 프랑스 혁명도,
미국의 독립도 모두 세금 때문이었다!

리드리드출판

prologue

인류 역사의 이면에는 '세금'이 있다

세금은 국가의 운용자금이다. 세계 어느 나라나 세금 정책은 경제와 정치, 산업, 교육, 미래를 면밀한 분석한 뒤 설계한다. 국민들도 나라 운영의 필수요소임을 알기에 자신에게 부과된 금액은 반드시 납부해야 하는 의무사항으로 여긴다. 하지만 역사를 돌아보면 오로지 국민과 국가만을 위해 세금이 쓰이진 않았다. 국가 지도자의 권력 유지, 영토 확장을 위한 전쟁, 관리자의 사리사욕을 위해 세금이 멋대로 운용되기도 했다.

세금을 부과하고 거두는 실무자나 재무관들은 예나 지금이나 부족한 재원을 보충하기 위해 시행착오를 거듭하며 새로운 세금을 고안한다. 대표적인 예가 고대 로마의 공중화장실세와 18세기 러시아 제국의 수염세가 있다. 2차 세계대전을 치르던 일본은 게이샤와 음주 가무를 즐기는 행위에 '300%'라는 높은 세율의 세금을 매기기도 했다. 이 모든 상황이 한 걸음 물러나서 바라보면 황당하고 우스꽝스러운 희극처럼 보인다.

세금 부과 방식은 국가의 방향성에 따라 다르다. 그러나 가장 큰 틀의 원칙 하나는 부자에게 높은 세금을 부과하고 가난한 이들에게 면세 혜택을 제공하는 것이다. 이런 세금 제도를 마련하지 못하면 빈부 격차는 더욱 극심해진다. 여기에 더해 과세 대상에 따라 산업의 발전과 쇠퇴가 결정된다. 그러므로 "세금 제도가 국가의 앞날을 좌우한다."라는 말은 과언이 아니다.

실제로 세금이 역사를 바꾼 사례는 많다. 미국이 영국 식민지였을 때는 '택스 헤이븐'으로 세금이 없었다. 그러나 영국 본토의 경제가 어려워지자 미국에 수출되는 차나 생필품에 높은 세금을 부과하면서부터 독립전쟁을 촉발시키는 계기가 되었다. 이외에도 세금은 인류 역사에 다양한 드라마를 만들어냈다.

지금 세계 각국은 경제 위기에 봉착해 있다. 미국의 기준금리 인상은 경제 침체를 부르고 생산과 소비에 영향을 끼치고 있다. 기업과 국민의 경제활동이 위축되면 나라 경제에 타격을 입게 된다. 소득세나 부가가치세 등 세수가 예산만큼 확보되지 않아 국가 운영에 차질이 빚어질 수밖에 없다.

세금으로 운영되는 국가는 대안을 마련하려 고심할 것이다. 새로운 세금을 창안해내던지 기존의 세금을 인상하는 정책 등 국민의 반감을 부르지 않으면서 고정적으로 거둬들일 수 있는 세금의 명분을 찾기에 나설 것이다. 이는 세금의 역사가 보여주고 증명하고 있다.

이제는 그저 납세의 의무를 충실히 수행하는 국민의 한 사람으로 남기보다 냉정하고 객관적인 시각에서 세금을 바라봐야 한다.

이 책에는 세금과 관련된 엉뚱하면서도 흥미로운 역사 70가지가 담겨있다. 당신이 책을 덮을 무렵에는 '세금'에 대한 시각이 사뭇 달라져 있음을 알게 될 것이다. 그동안 잘 알지 못했던 세금에 눈을 떠야 하는 진짜 이유를 발견해보자.

오무라 오지로

차례

PART 2

세계를 뒤흔든 '기막힌 세금'

PART 3

일본의 '황당한 세금'

PART 4

인류를 위한 '괴상한 세금'

PART 5

알아두면 약이 되는 '위대한 세금'

PART 1

역사를 바꾼 '위대한 세금'

우리는 '역사=정치'라는 공식으로 해석한다. 그러나 자금력이 뒷받침되지 않는 정치는 무너지게 되어 있다. 그로 인해 정치가들은 국가의 운용 자금인 세금을 거둬들이기 위해 갖은 계략과 묘책을 짜낸다. 국가 위기를 타파하고 지역 패권을 잡으려는 야망의 작용이다. 시대에 맞춰 세운 세금 정책 하나가 세계사의 흐름을 바꾸기도 한다.

고대 로마 공화정을 무너뜨린 '전쟁세'

고대 로마는 기원전 8세기부터 1,000여 년에 걸쳐 번성한 대제국이다. 지중해 세계 전역을 지배했으며 현재 유럽의 기반이 된 국가이기도 하다.

이탈리아반도의 도시국가였던 고대 로마는 주변 국가를 차례차례 침공하며 영토를 확장했다. 이때 전쟁에 필요한 군비를 조달하기 위해 도입한 세금 제도는 매우 훌륭하다.

공화정 시대(기원전 509년~기원전 27년)의 고대 로마에는 '전쟁세'가 있었다. 이는 재산세의 일종으로 시민이 신고한 전 재산에 상응하는 세금이 부과됐다. 전쟁세는 보유한 재산 종류에 따라 세율이 변동되는 구조였다. 보석이나 고가의 의상, 호화로운 마차와 같은 사치품에는 일반적인 세율부터 최대 10배에 이르는 세율이 적용되었다. 또 전쟁 중에는 부자에게 국가에 대한 융자 제공 의무도 부과했는데 이는 부유층의 세금 부담이 커지는 세금 제도였다.

로마 전쟁세의 특징은 환급제라는 점이다. 로마군이 전쟁에서 승리해 전리품을 손에 넣으면 납부한 세금에 따라 환급해주었다. 국채나 주식투자와 비슷한 성격을 지녔다고 할 수 있다.

그런데 로마군이 잇달아 승리하며 영토가 확대되자 전쟁세는 차츰 폐지되기 시작했다. 도시국가 로마(공화정 로마)의 탄생으로부터 350년이 지난 기원전 150년 무렵에는 전쟁세가 완전히 폐지됐다. 전쟁세를 부과하지 않아도 전쟁 비용을 충당할 수 있었기 때문이다.

로마는 일단 정복한 토지를 자기 영토에 편입시켰다. 그리고 식민지 주민들에게 대출하는 형태로 세금을 부과했다. 각지에서 세금으로 낸 귀금속과 수확물 등이 모여들었기 때문에 그것만으로도 국가를 유지할 수 있었다. 그중에서도 스페인이 바친 금과 은은 특히나 로마의 국고를 풍족하게 만들었다. 기원전 206년부터 기원전 197년까지 10년간 약 1.8톤의 금과 약 60톤의 은이

로마에 헌납됐다. 이 금과 은 덕분에 로마는 화폐제도를 정비할 수 있었다.

하지만 이러한 착취에 대항해 반란을 일으키는 식민지도 생겨났다. 로마에 가장 큰 타격을 준 것은 튀르키예(터키) 지역의 미트리다테스 대왕이 일으킨 반란이었다. 미트리다테스 대왕은 독립이 아니라 세금의 경감을 바랐다.

기원전 88년, 미트리다테스 대왕의 계략으로 대부분의 그리스 도시가 일제히 봉기했다. 봉기 첫날에만 로마의 세금 징수인 8만 명과 로마 상인 2만 명이 살해되는 참극이 일어났다. 이에 그리스 반란은 진압했지만 로마 정부는 큰 타격을 입게 되었다. 이 타격으로 인해 공화정부는 혼란에 빠졌고 로마의 체제는 제정帝政으로 전환됐다.

만약 뛰어난 세금 제도였던 전쟁세를 유지하면서 식민지에서는 세금을 조금만 부과했더라면 공화정 로마의 명맥은 조금 더 오래 이어졌을지도 모른다.

몽골 제국을 붕괴시킨
'소금세'

동서고금을 막론하고 많은 나라가 '소금'에 세금을 부과했다. 특히 중국에서는 예로부터 소금세가 중요한 재원이었다. 국가가 거래를 독점하고 세금이 부과된 가격으로 소금을 판매해 소금세를 징수했다.

몽골 제국 시대에는 소금세가 재정의 한 축이었다. 당시에는 '식염법'이라는 소금 전매 제도가 있었다. 이는 각 가정에 일정량의 소금을 배포하고 소금값을 세금으로 거둬들이는 제도다. 몽골 제국은 재정 상황이 나빠지자 배포하는 소금에 회토灰土를 섞는 악랄한 짓을 저지르기도 했다. 또 상인에게 '염인塩引'이라는 소금 판매 면허증을 제공해 소금을 독점 매매하는 방식을 취하기도 했다. '염인'이 지폐 대신 사용되기 시작하자, 몽골 제국은 '염인'을 대량으로 발행해 재정 수지를 보충했다.

소금세가 주요 재원이 되자 백성들의 고통은 나날이 더 심해졌다. 인간은 소금을 섭취해야 살 수 있다. 부자든 거지든 살기 위해서는 일정량의 소금이 필요하다. 그렇기에 가난한 자들도 소금을 살 수밖에 없었다. 해안가에 살면 바닷물로 염분을 섭취할 수 있었으나 바다와 먼 곳에 거주하는 이들은 살기 위해 소금을 구매해야 했다.

중국은 국토가 내륙으로 펴져있어서 해안가에 사는 인구는 일부에 불과했다. 대부분은 해안가에서 멀리 떨어진 내륙에 거주했기 때문에 소금을 사야만 했다. 따라서 국가는 소금세로 막대한 수입을 올릴 수 있었다. 최종적으로 몽골 제국이 거둬들인 소금세가 국가 전체 재원의 80%에 달했다고 한다.

물론 전매 제도 때문에 소금값은 매우 비쌌다. 그러자 자연스럽게 암암리에 소금을 판매하려는 이들이 나타났다. 일명 '암염闇塩'이라 불리며 소금을 밀매하는 업자가 등장한 것이다. 오래전부터 중국에 존재한 소금 밀매업자들을 '염도塩徒'라 불렀고, 염도를 단속하는 군인은 '염군鹽軍'이라 했다. 염도 중에는 불량배가 많았는데 거대한 시장 덕분에 중국 전역으로 세력이 빠르게 확대됐다. 이윽고 국가에 반기를 들고 무장하는 이들도 나오기 시작했다. 그들 중 국왕이 된 염도도 있었다. 전촉을 건국한 왕건과 오월을 건국한 전류도 본래는 염도였다.

몽골 제국 말에도 비슷한 인물이 등장한다. 바로 장사성이다. 장사성은 초기에 세 명의 동생을 포함한 열여덟 명의 부하와 함께 염도로 활동했다. 이후 동업자 세력까지 통합하며 금세 수만 명으로 세를 불렸다. 장사성과 염도들은 무장 집단이 되어 태주의 백구장 일대를 장악했고, 1353년에는 장강 북측 요충지인 고우高郵를 함락시켰다. 이때 장사성은 자신을 '성왕誠王'이라 칭하고 국호를 대주大周, 연호를 천우天祐라 했다. 1356년에는 장강을 건너 평강平川을 제압했고 회남淮南과 회북淮北을 지배하게 됐다. 회남과 회북은 예로부터 중국 최대의 소금 생산지였다. 10세기 무렵의 통계에 따르면 전국 소금 중 절반 이상이 이 지역에서 생산됐다고 한다.

앞서 말했듯이 당시 몽골 제국은 소금으로 취한 이득이 재원의 80%를 차지했다. 즉, 최대 소금 생산지인 회남과 회북을 빼앗긴다는 것은 가장 큰 재원의 손실을 의미했다. 장사성의 회남, 회북

점령은 이 시기에 몽골 제국이 겪은 급속한 세력 약화에 상당한 영향을 미쳤다.

하지만 장사성이 새로운 주도 세력이 되지는 못했다. 몽골 제국의 쇠퇴와 동시에 주원장의 세력도 등장했다. 주원장은 몽골 제국 말기의 호족으로 '명나라'를 건국한 인물이다. 거대한 세력을 구축한 주원장은 장사성에게 "내 부하가 되어 함께 몽골 제국과 싸우자."라고 요청했다. 하지만 주원장을 견제하던 장사성은 이 요청을 거절했다. 끝까지 저항하던 장사성은 결국 주원장에게 패하고 최후를 맞았다.

대항해시대의 포문을 연
이슬람의 '관세'

스페인과 포르투갈이 전 세계로 뻗어가는 항로를 개척하던 대항해시대의 시작도 세금과 깊은 연관이 있다. 당시 유럽 국가들은 아시아의 향신료를 원했다. 요리를 다채롭게 만드는 향신료는 중세 귀족 계급의 필수 식자재였다. 또 살균 작용을 하는 향신료는 약의 원료로도 사용됐다.

그러나 유럽 국가들은 향신료 입수에 큰 어려움을 겪고 있었다. 당시 향신료는 주로 인도 지방에서 수입됐다. 이에 스페인은 직접 인도로 가기 위해 대서양을 가로지르는 항로를 개척하기로 한다. 미 대륙도 이 과정에서 발견되었다.

유럽과 인도는 같은 유라시아 대륙에 속한다. 따라서 굳이 대서양을 횡단하지 않아도 대륙을 따라 항해하면 쉽게 교역이 이루어질 수 있었다. 그런데 유럽 국가들과 인도 사이에는 직접적인 교역을 방해하는 거대한 장벽이 존재했다. 서아시아에는 중세부터 근대에 걸쳐 매우 호전적인 오스만제국이 자리 잡고 있었던 것이다.

이슬람 국가였던 오스만제국과 유럽의 기독교 국가들은 적대 관계에 가까웠다. 특히 국경을 맞댄 스페인, 포르투갈과는 종종 충돌하기도 했다. 당시 유럽 국가들이 아시아 국가들과 교역하려면 반드시 서아시아를 거쳐야만 했다. 하지만 서아시아에는 오스만제국이 있었기 때문에 아시아 물품을 수입하기가 쉽지 않았던 것이다.

오스만제국도 다른 유럽 국가들처럼 '관세'가 재정의 큰 축을 차지하고 있었다. 수입에는 5%, 수출에는 2~5%의 관세를 부과했으며, 비이슬람 국가 상인의 수출 관세는 최고 세율인 5%였다. 즉, 유럽의 상인이 아시아에서 오스만제국을 거쳐 유럽까지 향신료를 가져올 경우, 10%의 관세를 내야 했다. 게다가 식량 원재료 수출에도 높은 관세를 부과했다. 특히 유럽 국가들이 탐내는 향신료는 유독 관세를 높게 책정했다.

현재 향신료 세율에 관한 구체적인 자료는 남아 있지 않다. 하지만 당시 유럽에 "은 1g과 후추 1g은 같은 가격이다."라는 말이 있었으니 상당히 높은 관세가 부과됐던 것은 분명하다.

스페인과 포르투갈은 어떻게든 오스만제국을 거치지 않고 아시아와 교역할 방법을 물색했다. 그 끝에 내놓은 답이 바로 오스만제국을 피해 아시아와 직접 거래하는 '대항해'였다.

1488년에는 포르투갈의 모험가 바르톨로뮤 디아스가 아프리카 남부의 희망봉에 도달했다. 그리고 1498년에 같은 포르투갈의 모험가 바스코 다 가마가 희망봉을 거쳐 성공적으로 아시아에 도달했다.

스페인은 아프리카 항로 개척에서 포르투갈에 뒤처졌다. 그러나 포르투갈로부터 인도 항로 개척 자금 지원을 거절당했던 콜럼버스를 스페인이 지원했다. 콜럼버스가 개척하고자 했던 인도 항로는 대서양을 횡단해서 지구 반대편의 아시아에 도착하는 루트였다.

당시에는 이미 지구가 둥글다는 사실이 알려져 있었다. 아직 지구 일주에 성공한 자는 없었지만, 콜럼버스는 "이론적으로는 대서양을 건너 아시아에 도착할 수 있다."라고 주장했다.

1492년, 콜럼버스는 아메리카 대륙의 바하마 제도에 도달했다. 당시 콜럼버스가 이곳을 인도의 변두리 지역이라고 생각했다는 일화는 유명하다. 이에 콜럼버스가 도착한 지역의 섬들은 '서인도 제도'라 명명됐고 현지 사람들은 인디언이라 불리게 됐다.

또 1522년에는 스페인이 지원한 마젤란 일행이 세계 일주에 성공했다.

이렇듯 스페인과 포르투갈은 전 세계에 새로운 항로를 개척하며 눈엣가시 같은 오스만제국을 피해 아시아와 교역할 수 있는 루트를 정비했다.

영국을 번영시킨 '해적세'

영국은 근대 세계사의 주역이라 할 수 있다. 하지만 영국이 처음부터 강대한 나라는 아니었다. 중세 무렵까지만 해도 유럽의 변방 국가에 불과했다.

그랬던 영국이 16세기 엘리자베스 여왕 시대에 거대한 변화를 맞이했다. 이 변화의 원동력은 사실 해적이었다. 해적과의 관계는 영국의 흑역사다. 따라서 역사에는 자세히 기록되지 않았지만, 근대 영국의 발전은 해적을 빼놓고 논할 수 없다.

엘리자베스 여왕 이전 시대의 영국은 독일 등에 모직물을 수출해서 재정을 꾸렸다. 하지만 대항해시대를 맞이하며 상황이 완전히 뒤바뀌었다.

그 계기는 콜럼버스의 대서양 횡단에 있다. 항해 중에 발견된 아메리카 대륙의 포토시 은산에서 은이 대량으로 생산됐기 때문이다. 그 결과 유럽의 은 가격이 폭락했고 은 수출이 주요 산업이었던 독일은 큰 타격을 받았다. 이에 독일 수출이 부진해진 영국도 결국에는 재정난을 겪게 됐다. 그러자 엘리자베스 여왕은 고육지책으로 '해적 행위'에 나섰던 것이다.

당시 영국이 이용한 해적선은 '사략선'이라 불렸다. 사략선이란 정부의 허가를 받아 적국의 선박을 노획하는 배를 가리킨다. 영국은 해적선의 약탈 행위를 승인하는 대신 노획품의 5분의 1을 국고에 바치도록 의무를 부과했다. 반대로 말하면 국가가 노획품의 5분의 1을 '해적세'로 납부한 이들의 약탈 행위를 눈감아준다는 뜻이었다. 그러자 너나 할 거 없이 바다 사나이들은 모두 해적이 됐다. 영화 〈캐리비안의 해적〉도 이런 배경을 바탕으로 탄생했다.

약탈 대상은 당시 영국과 관계가 복잡했던 스페인이었다. 중세 유럽에서는 각국 왕실 간에 혼인이 성사되는 일이 매우 흔했는데 이는 친척 관계로 동맹을 맺어 국가 간의 결속을 다지기 위함이었다. 하지만 "함께 잘 먹고 잘살자."라는 말은 겉치레에 불과하고 경쟁 관계가 되면 왕실이 서로 적대하기도 했다. 적대 관계일 때는 핏줄이 가까울수록 더욱 심하게 대립했다.

당시 강대국이던 스페인과 영국은 양국 간의 경쟁 외에도 또 한 가지 큰 문제가 있었다. 바로 '가톨릭과 프로테스탄트의 다툼'이었다. 스페인은 엄격한 가톨릭 국가였으며 '가톨릭의 요새'라는 자부심이 강했다. 반면 영국에서는 프로테스탄트가 힘을 키우고 있었다. 엘리자베스 여왕도 프로테스탄트 신자였다. 그렇다고 영국에서 가톨릭 신자들을 박해하지는 않았지만, 국정의 중심은 프로테스탄트였다. 이러한 종교 문제로 두 나라는 표면상의 우호 관계는 유지하면서도 뒤에서는 서로 반목했다. 그 영향으로 영국의 프로테스탄트 해적들이 가톨릭 국가인 스페인의 선박을 자주 습격했다고 한다.

당시 국제 해운 업계에서는 공공연하게 해적 행위가 이루어졌다. 16세기 중반의 영국 해협에는 약 400여 척의 해적선이 있었다. 그중에는 프랑스를 비롯한 주변 국가의 해적선도 있었다. 영국만이 아니라 다른 국가들도 많든 적든 해적 행위에 가담했다는 뜻이다.

1587년에 엘리자베스 여왕의 주도로 진행됐던 드레이크의 해적 항해는 영국에 약 60만 파운드의 수익을 가져다주었다. 엘리자베스 여왕은 그중 약 30만 파운드를 가져갔다고 한다. 이는 당시 영국의 1년 치 국가 재정과 맞먹는 금액이었다. 이렇듯 해적세가 가져다준 막대한 세수는 영국을 크게 발전시키는 계기가 됐다.

네덜란드와 포르투갈 독립의 주역 '소비세'

스페인, 네덜란드, 포르투갈은 하나의 공통점이 있다. 바로 '대항해시대의 주역'이라는 점이다. 그런데 더 확실한 공통점이 있다. 사실 세 나라는 과거에 스페인 국왕의 통치를 받았다는 점이다. 따라서 세 나라 모두 스페인이라 해도 무방하다.

대항해시대의 스페인은 명실상부 유럽 최대 국가였다. 아메리카 대륙, 아시아, 아프리카 등 전 세계에 식민지를 거느렸고, '해가 지지 않는 제국'이라고 불릴 정도로 번영했다.

하지만 16세기 후반이 되자 스페인은 급격하게 쇠퇴했다. 그 이유는 무엇일까?

16세기 말, '무적함대'라 불리던 스페인 함대는 대항할 적이 없을 만큼 압도적인 전력을 자랑했다. 그런데 함대 유지에는 상당한 비용이 소요되었다. 1572년부터 1575년 사이에는 10만 두카트를 사용했다는 기록이 있다. 이는 당시 스페인 세입의 두 배에 해당하는 금액이었다.

지리적으로 이슬람 국가들과 맞닿아있는 스페인은 '가톨릭의 요새'라는 사명감 때문에 이슬람 국가들과 크고 작은 다툼이 잦았다. 따라서 무적함대 비용을 포함한 군비가 상당히 큰 부담으로 작용했다. 당시 가톨릭 국가인 스페인의 전 국민은 수입의 10분의 1을 교회에 헌납하고 있었다. 그래서 이보다 더 많은 세금을 국민으로부터 직접 징수하기는 어려운 상황이었다.

이에 스페인은 '알 카바라'라고 불리는 소비세로 재원을 충당하고자 했다. 이 세금 제도는 중세 시대에 이슬람권으로부터 도입되었으며 대항해시대부터 스페인 세수의 주축이 됐다. 초기에 알 카바라가 부과된 곳은 스페인 국왕의 직접적인 영향력 아래 있는 카스티야 지방뿐이었다. 그러다 이를 다른 지역으로 확대하기 시작한 것이다.

첫 번째 도입 대상이 된 지역은 당시 스페인에 속했으며 경제적으로 매우 발전했던 도시 네덜란드였다. 네덜란드는 종교개혁 이후 급속하게 프로테스탄트가 증가하며 스페인 국왕과 대립하고 있었다. 그런 가운데 스페인은 몇 번이나 네덜란드로부터 특별세를 징수해갔다. 그런데 이번에는 알 카바라 도입까지 시도하자 네덜란드인들은 격렬하게 반발하며 무장봉기를 일으켰다. 일명 '네덜란드 독립전쟁(80년 전쟁)'의 서막이 오른 것이다.

1568년에 시작된 이 전쟁은 약 80년간 계속되다가 1648년에 베스트팔렌 조약을 맺으며 '네덜란드의 독립 승인'이라는 결말에 도달했다. 결국 스페인은 경제 요충지를 잃고 말았다.

포르투갈 역시 알 카바라 도입이 무장봉기로 이어졌다. 1580년부터 양국은 합병 상태였고, 당시 펠리페 2세는 스페인과 포르투갈 양국의 국왕을 겸했다. 스페인은 식민지를 다수 보유한 포르투갈과의 병합으로 금은 등의 자원이 풍족해졌다. 하지만 스페인이 재정 악화로 알 카바라를 도입하자 점차 관계가 나빠졌다. 알 카바라 도입으로 포르투갈 경제가 큰 타격을 받자 포르투갈인들은 스페인을 원망하기 시작했다.

이윽고 네덜란드와 카탈루냐 지방 등 각지에서 잇따라 반란이 일어나자, 때를 노리던 포르투갈인들도 무장봉기를 일으켰다. 1640년에 시작된 이 전쟁은 28년간 이어졌고 최종적으로 포르투갈의 독립이 승인됐다.

네덜란드와 포르투갈의 독립에는 많은 요인이 있지만, 알 카바라(소비세)가 큰 비중을 차지했다는 사실은 부정할 수 없다. 그리고 경제적으로 중요한 두 지역을 잃은 스페인은 심각한 쇠퇴를 피할 수 없었다.

프랑스 혁명의 방아쇠를 당긴 '농민세'

우리는 프랑스 혁명을 "절대 권력을 지닌 국왕이 국가 재산을 낭비한 결과, 고통받던 백성들이 폭발했다."라고 알고 있다. 하지만 이것은 오해다. 사실 진짜 문제는 재정적으로 매우 취약한 중세 유럽 왕실의 재정관리에 있었다.

중세 유럽 국가들의 국토는 왕의 영토가 아니었다. 귀족들이 각자 영지를 보유하고 왕은 이를 다스리는 자에 불과했다. 따라서 국왕의 직할령은 결코 넓다고 할 수 없었다.

귀족들은 세금이 면제였고 국왕의 수입은 직할령의 세금과 관세뿐이었다. 그런데도 중세 유럽의 국왕들은 전쟁에 막대한 비용을 투자했다. 전시에는 특별 세금을 부과하기도 했으나 귀족들의 반발이 심해 쉬운 일이 아니었다. 결국 대부분의 전쟁 비용은 국왕이 부담해야 해서 왕실 재정은 항상 빚더미에 앉아 있을 수밖에 없었다. 그로 인해 중세 유럽의 국왕들은 '디폴트' 상황에 빠지기도 했다. 디폴트란 빚을 갚지 못해 채무불이행 상태에 처하는 상황을 말한다.

프랑스 왕실의 상황도 별반 다르지 않았다. 몇 번이나 디폴트 상태에 처하게 되자 왕실은 재정난을 극복하기 위해 국민에게 '타이유세taille稅'라는 무거운 세금을 부과했다. 타이유세란 토지와 재산에 부과되는 세금으로 영국과 백년 전쟁(1337~1453)을 치를 때 마련됐다. 이후 전시의 특별 세금이었지만 전후에도 폐지되지 않은 채 프랑스의 주요 재원이 됐다.

초기의 타이유세는 넓은 토지나 사치품에만 부과됐다. 하지만 재정이 나빠지자 생산자산에도 부과되기 시작했다. 농사 도구 등에도 타이유세가 부과되어 프랑스 농민들은 소나 말, 농기구를 보유할 수조차 없었다. 그런데 귀족과 수도승, 관료와 같은 특권계급은 타이유세가 면제됐다. 게다가 면세 특권층의 범위는 점차 확대되었고 종국에는 농민들에게만 세금이 부과됐다. 이로써 타이유세는 '농민세'라는 이명異名으로 불리게 됐다.

타이유세의 영향으로 면세 특권층인 귀족들의 부는 더욱 불어났고 서민들은 점점 더 가난해졌다. 당시 프랑스는 3%의 귀족이 90%의 부를 차지하고 있었다. 국가 재정은 빚더미에 올라앉았고 민중은 무거운 세금에 신음했지만, 귀족들과 수도승들은 눈도 깜빡하지 않았다. 이것이 바로 프랑스의 혁명이 일어나기 직전의 상황이었다.

당시의 프랑스 국왕 루이 16세는 이 상황을 타개하고자 '삼부회'를 개최했다. 목적은 귀족들과 수도승들에 대한 납세 의무 부과였다. 삼부회는 성직자, 귀족, 평민의 세 계층의 대표가 모이는 회의다. 평민 대표는 삼부회에서 타이유세 감면을 호소했다. 하지만 성직자와 귀족은 납세 의무를 회피하려 했다. 결국 삼부회는 결렬됐다. 성직자, 귀족, 평민은 첨예하게 대립했고 마침내 평민들이 봉기했다. 이것이 프랑스 혁명이다!

미국으로 유럽인의 이주를 도운 '택스 헤이븐'

전 세계가 '택스 헤이븐tax haven'에 주목하고 있다. 택스 헤이븐이란 세금이 거의 부과되지 않는(혹은 매우 저렴한) 국가나 지역을 뜻하는데 많은 기업과 부유층이 택스 헤이븐으로 이주해서 세금을 회피하는 바람에 전 세계적인 문제로 부상하고 있다.

택스 헤이븐의 원조라 할 수 있는 나라가 있다. 바로 미국이다. 현재 미국은 초강대국으로 군림하고 있으나 원래는 영국의 식민지였다. 과거 영국은 전 세계에 식민지를 보유했지만 거의 모든 지역에서 경제 활동의 자유를 인정하지 않았다. 그리고 특정 무역회사에 식민지의 독점적 권익을 제공했다. 이는 영국뿐 아니라 당시 모든 유럽 국가들이 실시한 식민지 정책이었다.

대표적인 무역회사로 '동인도 회사'가 있다. 동인도 회사는 동인도 식민지의 무역을 독점했던 회사다. 영국 외에 네덜란드와 프랑스에도 설립됐다. 유럽 국가들은 식민지를 지배할 때 동인도 회사 같은 독점기업을 설립해 수입품에 고액의 세금을 부과했다. 그러나 영국은 북아메리카 식민지의 자유로운 경제 활동을 인정했다. 원칙적으로 누구든 자유롭게 사업을 할 수 있었으며 무역도 제한하지 않았다.

그럼 어째서 영국은 북아메리카 식민지에는 독점기업을 설립하지 않았을까?

사실 당시 북아메리카는 그다지 중요한 지역이 아니었다. 현재의 미국은 자원 부국, 농업 대국이라 불리며 번영하고 있지만, 과거에는 금 등의 광맥도 거의 발견되지 않았고 향신료나 차도 재배할 수 없었다. 광대한 토지는 대부분 미개척지였다. 북아메리카의 골드러시나 거대 석유 발견은 독립 후에 일어난 일이다. 당시 북아메리카는 거대 금은 광맥이 있는 남미나 귀중한 향신료를 재배할 수 있는 동아시아에 비해 중요도가 낮은 지역이었다. 그렇기에 영국은 북아메리카의 세금을 없애 경제 활성화를 도모했던 것이다.

부족한 자원은 역설적으로 북아메리카에 많은 이주민을 불러들이는 결과를 낳았다. 세금이 부과되지 않자 저렴한 물가 덕분에 북아메리카가 살기 좋은 지역이 됐기 때문이다. 물론 땅을 직접 개척하며 고생해야 했다. 하지만 유럽에서 종종 발생하던 기근을 피하려는 많은 이주민이 북아메리카로 건너갔다.

만약 북아메리카에서 일찍이 중요한 광산 등이 발견됐다면 어땠을까? 경제적인 자유는 주어지지 않고 다른 식민지와 마찬가지로 정부의 독점기업이 지배했을지도 모른다.

미국 독립운동의 시발점은 '탈세'

북아메리카 식민지가 발전하자 이 지역에 세금을 부과하지 않았던 영국은 점차 부담을 느꼈다. 북아메리카는 프랑스, 네덜란드 등과 경쟁해서 획득한 지역이었기 때문에 이 두 나라와 다툼이 끊이지 않았다. 그런데 군대가 필요함에도 북아메리카 식민지에서는 병력을 차출할 수 없었다. 많은 영국 국민이 이주해 있었으나 그들에게는 납세의 의무도 병역의 의무도 없었기 때문이다. 어쩔 수 없이 전쟁 시 병력을 모두 영국 본국에서 차출해 대서양을 건너 미 대륙까지 파병해야 했다. 이때 발생하는 막대한 비용도 영국의 몫이었다.

1756년에 영국은 프랑스와 '7년 전쟁'을 치르고 있었다. 이때 북아메리카도 전장이 되어 영국군과 프랑스군이 충돌했다. 이 전투는 양측 군대가 원주민과 동맹을 맺었기 때문에 '프렌치 인디언 전쟁'이라고도 불린다.

영국은 식민지를 지키기 위해 전쟁을 치렀으므로 그 비용을 북아메리카에 부담시키려 했다.

북아메리카에 차를 팔아 조금이라도 전쟁 비용을 충당하려 한 것이다. 당시 북아메리카에서는 대대적인 차 밀수가 이루어지고 있었다. 그로 인해 대량의 차를 수출하는 데도 영국 당국에는 관세가 거의 들어오지 않는 상태였다.

영국은 국책회사인 동인도 회사에 무관세로 북아메리카에 차를 판매하는 특권을 부여했다. 당시 재고가 어마어마했던 차를 독점 판매로 처분하려 한 것이다. 관세가 사라지면 동인도 회사의 차는 밀수품보다 가격이 낮아져서 판매량이 늘어날 게 뻔했다. 영국은 동인도 회사의 경영을 도와서 북아메리카 주민들이 차를 사게 만들어 납세를 대신하려 했던 것이다. 또 동시에 차 도매상과 소비자에게 높은 세금을 매겨 밀수업자들의 이익을 없애 버릴 심산이었다.

그러자 밀수업자들이 크게 반발했다. 당시 북아메리카 주민들은 밀수를 나쁜 일이라 생각하지 않았다. 북아메리카 식민지에는 정치적 의석을 주지 않으면서 물건만 팔겠다는 영국의 심보를 읽어낸 것이다. 밀수업자들은 이 상황에 근거해 "대표가 없으니 과세도 없다."라고 주장하며 모든 과세를 거부했다. 이 논리에 따르면 북아메리카의 관세 납부는 말이 안 되는 일이기 때문에 밀수는 타당한 행위라는 인식도 있었다. 마피아가 아닌 평범한 무역업자가 밀수에 손을 댔고 주민들도 이를 받아들였다.

북아메리카의 밀수업자들은 차 무관세 정책에 대한 반발로 보스턴에서 차를 실은 동인도 회사의 배에 난입해 차를 바다에 던져버렸다. 이것이 바로 유명한 '보스턴 차 사건'이다. 이 사건을 계기로 북아메리카 식민지에서는 독립의 기운이 고조되어 독립전쟁으로 발전했다.

이때 차와 관련된 일련의 사건으로 북아메리카 식민지에서는 차 대신 커피를 마시기 시작했다. 현재 미국에 홍차를 마시는 습관 대신 커피 문화가 널리 퍼진 이유도 바로 이 때문이다.

미국 독립운동의 불을 지핀 '신문세'

신문은 민주주의를 지탱하는 도구 중 하나로 시민들에게 뉴스를 전하고 정치 동향 등을 알려주며 세상을 구축하는 하나의 요소로 작용해왔다. 또한 종종 권력자를 비판해 사회에 큰 영향을 미쳤다. 이러한 영향력 때문에 때로는 신문이 탄압받기도 했다. 2차 세계대전 이전의 일본에서는 거듭 내려진 발행 정지 처분 탓에 폐간된 신문도 있었다.

일찍부터 의회제 민주주의가 발달한 영국의 상황도 별반 다르지 않았다. 영국에서는 17세기부터 신문이 발행됐다. 당시 영국은 프랑스 등 주변 국가들과 자주 전쟁을 치르느라 국민에게 부담을 줬다. 이런 상황을 날카롭게 비판하는 신문 탓에 영국 정부는 애를 먹고 있었다.

1712년, 마침내 영국 정부는 신문에 세금을 부과했다. 정권에 대한 비판을 억제하고 군비도 조달하려는 심산이었다. 당시 영국은 이미 증권, 계약서와 같은 중요한 문서에 반드시 인지印紙를 붙이게끔 하는 '인지세'가 창설된 상황이었다. 이 인지세의 과세 대상에 신문 인지도 포함된 것이다. 이 신문세는 신문지 한 장 한 장에 세금이 부과됐다.

신문에는 인지를 붙이는 대신 도장을 찍었다. 납세 완료 도장이 찍힌 종이를 쓰지 않으면 신문을 발행할 수 없었다. 과세 금액은 신문지 한 장당 1페니, 절반 크기는 0.5페니였다.

또 신문 광고에도 세금이 부과되어 광고 한 건당 3실링 6펜스를 내야 했다. 신문세는 그 후에도 계속 증세가 이루어졌다. 1757년에는 신문지 한 장당 2펜스, 1776년에는 3펜스로 불어났다. 1798년에는 3.5펜스, 1815년에는 4펜스에 달했다.

1765년, 영국은 당시 식민지였던 북아메리카에도 인지세 도입을 시도했다. 신문이나 소책자 등 모든 출판물에 세금을 매기려 한 것이다. 하지만 북아메리카에서는 주민들의 강한 반발에 맞닥뜨려 도입하지 못했다. 결국 이 인지세 도입 계획은 미국 독립 전쟁을 부추긴 꼴이 되고 말았다.

영국 본국에서도 세금에 대한 국민의 반발이 거세졌다. 그 결과 상승한 세금액은 1837년에 1페니로 되돌아갔고, 1854년에 드디어 신문세 납세 의무가 임의로 변경됐다. 세금을 내면 우편료가 무료가 되지만 납세하는 자가 거의 없었기 때문에 사실상 폐지됐다고 볼 수 있다. 그러나 150년이라는 기간 동안 영국이 신문에 세금을 부과했다는 사실은 변하지 않는다.

현재 영국에서는 20%라는 높은 세율의 부가가치세가 부과되지만 "신문은 문화를 지키기 위해 필요하다."라는 이유로 과세 대상에 포함되지 않는다.

로스차일드 가문의 몰락을 주도한 '상속세'

로스차일드는 근대 유럽사에 이름을 남긴 유대계 금융재벌 가문이다. 지금도 금융업, 와인 제조업, 레저 산업, 백화점 사업 등을 운영하며 세계 경제에 큰 영향을 미치고 있다.

로스차일드 가문은 영국의 수에즈 운하 매수로 전 세계에 재력을 드러냈다. 지중해와 홍해(수에즈만)를 잇는 수에즈 운하는 이집트와 프랑스가 1869년에 항로를 개통한 이래로 줄곧 세계 무역의 중심 통로였다.

하지만 운하 건설에 참여하지 않은 영국은 수에즈 운하의 지분이 없었다. 그로 인해 운하를 통과하는 4분의 3인 영국 선박이 막대한 통행료로 지불해야 했다. 특히 인도 식민지를 오가는 선박이 많은 탓에 수에즈 운하는 영국의 눈엣가시가 되었다. 영국은 수에즈 운하 회사의 주식을 취득할 기회를 호시탐탐 노렸고, 1875년에 기회가 찾아왔다. 프랑스와 함께 수에즈 운하 회사의 대주주였던 이집트가 재정 악화로 수에즈 운하 주식 매각을 결정한 것이다.

당시 영국 총리였던 디즈레일리는 로스차일드 가문의 저녁 식사에 초대받은 자리에서 이 정보를 알게 된다. 프랑스가 움직이기 전에 수에즈 운하 주식을 손에 넣고 싶었던 디즈레일리는 의회를 거치지 않고 독단적으로 거래를 추진했다. 이때 주식 매입 자금은 그 자리에 있던 로스차일드 가문이 융통했다. 융자금액은 400만 파운드였다. 당시 이런 어마어마한 금액을 바로 내놓을 수 있는 곳은 로스차일드 가문뿐이었다.

로스차일드 가문은 지금도 대부호다. 하지만 19세기에 비하면 재력이 많이 줄어들었다.

로스차일드 가문의 쇠퇴에는 몇 가지 이유가 있다. 먼저 두 번의 세계대전이다. 1차, 2차 세계대전에서 로스차일드 가문은 큰 손해를 입었다. 나치에게 약탈당한 후 돌아오지 않은 자산도 상당히 많다. 게다가 재산만이 아니라 인적 자원 손실도 컸다.

하지만 로스차일드 가문이 쇠퇴한 가장 큰 이유는 바로 '상속세' 때문이었다.

상속세 자체는 예로부터 존재했고 고대 로마에서도 도입됐다. 그 후에도 상속세는 많은 지역에서 오랜 기간 징수됐다. 다만 대부분의 상속세는 징수 금액이 자산의 2~3%였기 때문에 그다지 부담이 큰 세금은 아니었다. 그런데 20세기에 접어들면서 유럽 국가들은 일제히 상속세 징수를 확대했다. 1차 세계대전 이후 공산주의 혁명의 물결을 두려워한 유럽 국가들은 국민의 반발을 막기 위해 자산가에게 거액의 상속세를 부과했다. 러시아 혁명 등을 거치며 부유층이 참살당하는 모습을 봤기 때문에 자산가들도 이에 동의할 수밖에 없었다.

확대된 상속세로 인해 많은 자산가가 예전처럼 재산을 축적할 수 없게 됐다. 이전에는 유산의 몇 퍼센트만 내면 해결됐지만, 제도가 바뀐 후로는 유산의 절반에 가까운 금액을 상속세로 내야만 했기 때문이다. 물론 자산가들은 갖은 수를 써서 상속세를 피하려 했으나 국민과 언론의 감시를 피하기는 어려웠다.

로스차일드 가문은 20세기에 접어든 후로도 사업 형태를 주식회사로 변경하지 않고 가족 경영을 유지했다. 주식회사가 되면

주주에게 자산 상황 등을 공개해야 한다. 로스차일드 가문은 이를 피하고자 한 것이다. 또 이미 자산이 어마어마했기 때문에 주주로부터 자금을 모을 필요도 없었다. 하지만 상속세가 도입되자 이 방식이 역효과를 냈다. 로스차일드 가문의 자산은 대부분 개인 명의였다. 그리고 개인 명의 자산에는 상당한 금액의 상속세가 부과됐다.

결국 로스차일드 가문은 상속세를 내기 위해 소유했던 호화로운 성과 대저택 대부분을 팔아야 했다. 로스차일드 가문도 상속세를 이길 수는 없었다.

망하는 지름길을 택한 귀족의 '면세'

과거 일본은 조정이 국가를 다스렸다. 하지만 헤이안平安 시대 말기에 무가武家가 등장하며 조정 정치가 붕괴되고, 가마쿠라 시대 이후에는 무가 정권이 자리 잡았다.

그렇다면 왜 무가가 등장하게 됐을까? 여기에도 세금이 관련되어 있다.

당시 조정의 징세관이었던 국사国司는 부정부패를 일삼았다. 국사는 징수한 세금 중 정해진 금액을 중앙에 보내고 나머지를 착복했다. 농민으로부터 뇌물을 받고 징세 금액을 줄여서 보고하는 일도 잦았다. 국사의 중간 착복이 많아지면서 국사는 모두가 선호하는 벼슬이 됐다. 특히 '숙국熟國'이라 불리는 풍요로운 지역에 부임한 국사는 재정이 매우 풍족해 모든 귀족이 그 지역 국사가 되길 바랐다. 하지만 국사가 되려면 개인의 역량이 아닌 가문의 힘이 필요했다. 가문이 좋지 않으면 국사가 될 수 없었으므로 유력한 귀족 가문을 뒷배로 둬야 했다. 국사 지망자는 힘 있는 귀족의 눈에 들기 위해 가신이 되거나 뇌물을 보냈다. 물론 유력한 귀족 가문도 자기 영향력 아래 있는 자를 숙국의 국사로 임명했다.

이 '국사 부정 시스템'을 가장 잘 활용한 이가 후지와라노 미치나가다. 후지와라가 '섭정 정치'로 한 시대를 지배했다는 사실은 잘 알려져 있다. 후지와라는 딸을 천황에게 시집보내 천황의 외조부가 됐다. 그리고 천황을 보좌하는 섭정摂生, 관백関白이라는 직위에 앉아 권력을 휘둘렀다. 국가가 절정기를 맞이했을 무렵, 주요 국사 임명권은 모두 후지와라가 쥐고 있었다. 따라서 국사 혹은 국사 지망자들은 후지와라에게 거액의 뇌물을 보냈다.

1018년에는 후지와라노 미치나가의 저택을 다른 지역 국사에게 짓게 했다. 이때 국사였던 이요노카미(이요 지방 총괄 관직), 미나모토노 요리미쓰가 가구 일체를 헌상했다는 기록도 남아 있다. 당시 국사는 교토에 갈 때마다 후지와라 일족에게 대량의 쌀과 지방 특산물을 헌납했다. 후지와라는 뇌물로 '전성시대'를 구가한 것이다.

하지만 헤이안 귀족들의 이러한 재산 축적 방식은 결국 자신들의 발목을 잡았다. 국사들이 세금을 횡령하거나 세금이 부과되지 않는 장원이 늘어나면 그만큼 국가의 세수는 줄어들었다. 세수가 줄어들어 조정의 권위가 사라지면 귀족들의 존립 기반도 위태로워졌다. 후지와라를 포함한 헤이안 시대 고위 귀족들은 이러나저러나 조정의 권위 아래에서 살아가는 자들이었다. 조정에 권위가 있었기에 그곳에서 높은 지위에 올라 영화를 누렸던 것이다.

국사들의 부정을 용인해 조정의 재력이 약해지고 결과적으로 귀족들의 존립 기반이 위협받았다. 장원의 세력이 커짐에 따라 지방 정부 지배하의 공령公領이 힘을 잃고 병사를 모집할 수 없는 상황이 된 것이다. 그 결과 조정은 반란이 일어났을 때 직속 징병 군인을 파견할 수 없게 됐다. 결국 조정은 각지의 무장 호족에게 영향력을 행사할 수 있는 '군사 귀족'에게 의지할 수밖에 없었다.

이에 군사 귀족은 중요한 위치를 차지하게 됐고 다이라노 기요모리라는 대표적인 인물이 탄생했다. 다이라노 기요모리는 강한 군사력뿐만 아니라 천황 가문과 혼인 관계를 맺음으로써 고시라카와 천황의 신임을 얻어 순식간에 조정 권력의 정점에 올랐다. 그리고 급기야 대립하던 고시라카와 천황을 유폐하며 마구 권력을 휘둘렀다.

유폐된 고시라카와 천황은 다이라 가문과 경쟁 관계였던 미나모토源 가문에 조력을 요청했다. 결국 미나모토노 요리토모가 다이라 가문을 멸문시켰고, 겐페이源平 전투로 알려진 이 싸움에서 미나모토 가문이 정치의 주도권을 쥐며 무가 정권이 확립됐다.

헤이안 귀족들은 눈앞의 이익에 집착한 나머지 조정 정치를 무너뜨리고 스스로 몰락했다.

오닌의 난을 부른 '대출세'

'오닌의 난'은 전국시대의 발단으로 알려져 있다. 이 난이 일어난 이유를 알아보자.

책에서는 "쇼군 가문의 후계자 문제를 계기 삼아 막부의 유력한 영주인 다이묘(지방 영주)들이 난전을 펼쳤다."라고 설명한다. 하지만 문제의 본질은 따로 있었다. 오닌의 난이 일어난 진짜 원인은 '무로마치 막부의 취약한 재정 기반' 때문이었다.

애초에 무가 정권(막부)은 재정 기반이 취약했다. 조정처럼 전국을 지배하고 전국에서 세금을 징수하지 않았기 때문이다. 막부는 무가 사이에 다툼이 생겼을 때 조정하거나, 반란이 일어났을 때

가까운 무가에 출동 명령을 내릴 수는 있었지만, 토지는 각 무가가 소유했기 때문에 세금이나 병력을 직접 징수할 수는 없었다. 막부의 재원은 직할 관리하에 있는 토지의 세금과 무역 관세뿐이었다. 게다가 무로마치 막부의 직할령은 200만 석 정도로 역대 무가 정권 중에서도 가장 재정 기반이 약했다. 무로마치 막부 시절에 은각사, 금각사가 지어졌기 때문에 '부자'라는 이미지가 있었지만 실상은 그 반대였던 것이다.

아시카가 쇼군의 신하였던 야마나 가문과 호소카와 가문의 영토가 훨씬 컸다. 이에 무로마치 막부는 '주옥토창역酒屋土倉役'으로 재원을 충당하려 했다. 이는 '주옥(술집)과 '토창(고리대금업자)에 부과하는 과세다.

중세부터 근대에 걸쳐 주옥은 토창과 함께 상업의 중심이었다. 주조에는 대규모 설비와 대량의 재료가 요구됐기 때문에 부자만 술을 빚을 수 있었다. 그리고 부자는 고리대금업자인 경우가 많았다. 따라서 주옥과 토창은 하나로 인식됐다.

3대 쇼군 아시카가 요시미쓰는 1393년에 "주옥과 토창을 보호한다."라는 명목으로 '주옥토창역'이라는 세금을 징수하기 시작했다. 이는 주옥토창의 이권을 보호하는 대신 상납금을 걷는 제도다. 하지만 주옥과 토창을 재정의 주축으로 삼겠다는 것은 매우 위험한 판단이었다. 당시의 토창은 매우 이율이 높았다. 토창을 보호하고 자유를 보장하는 행위는 서민의 고통으로 이어졌다.

결국 서민의 불만이 폭발하면서 농민 무력 봉기가 일어났다. 1428년에는 '세이초正長의 쓰치잇키(농민 무력 봉기)'라는 전대미문의 대규모 봉기가 일어났다. 오우미近江 지방의 마차(운송업자)가 일으킨 이 봉기는 기나이畿內 일대에 퍼졌으며 토창에 빚 탕감을 요구했다. 이들은 각지의 토창을 습격하며 차용증서를 탈취했다.

무로마치 시대에는 이러한 봉기가 빈번하게 발생한 탓에 막부는 종종 덕정령德政令을 내렸다. 덕정령은 쉽게 말해 "빚을 전부 탕감해줘라."라는 명령이다. 따라서 돈을 빌린 서민은 좋지만 토창은 큰 타격을 받게 된다. 당연히 토창에 의존하는 무로마치 막부도 타격을 받았다. 결국 덕정령을 내릴 때마다 막부의 재정도 나빠져 갔다.

토창은 덕정령에 강경하게 항의하거나 납세를 미루며 막부를 압박했다. 그 결과 무로마치 막부는 재정 위기를 맞았다. 이는 치안 악화와 다이묘들의 투쟁을 초래했고 결국 오닌의 난으로 이어졌다.

이 길을 가려거든 돈을 내시오
'통행세'

히노 도미코는 일본의 역사적인 악녀로 손꼽힌다. 이 유명한 악녀는 오닌의 난 당시의 쇼군이었던 아시카가 요시마사의 정실이었다. 그런 그녀가 왜 희대의 악녀가 되었을까?

오닌의 난의 발단이 된 쇼군의 후계자 문제는 도미코와 깊은 연관이 있다. 두 명의 쇼군 후보인 아시카가 요시히사와 아시카가 요시미 중 요시히사는 도미코의 친자였고 요시미는 도미코의 제부였다.

요시마사와 도미코 사이에는 오래도록 아들이 없었다. 처음에 낳은 아들은 생후 얼마 지나지 않아 세상을 떠났다. 이에 요시마사 부부는 요시마사의 남동생인 요시미를 차기 쇼군으로 삼고자 했다. 이때 도미코는 자기 동생을 차기 쇼군인 요시미에게 시집보낸다. 그런데 요시미가 쇼군 후계자로 정해진 후에 도미코는 아들을 낳게 되는데 이 아들이 바로 요시히사다. 자기 아들이 쇼군이 되길 바랐던 도미코는 차기 쇼군으로 내정됐던 요시미를 제거하려 했다. 이 일련의 흐름이 오닌의 난의 발단이 된 후계자 문제다.

도미코는 '돈독이 오른 사람'으로도 유명했다. 그녀는 갖은 방법으로 모은 모은 돈을 여러 가문에 빌려주고 높은 이자를 받았다. 7만 관貫에 이르는 엄청난 액수를 막부의 창고에 쌓아두었다는 설도 있다.

그렇게 도미코가 돈에 집착했던 것은 무로마치 막부의 재력이 취약했기 때문이었다. 도미코의 친정인 히노 가문은 막부의 재정관을 담당했다. 히노 가문은 자산가로 전錢 1만 필(1필=10전)을 토창에 빌려주거나, 50관 문(1관=1,000문)을 공방어창(막부의 재산을 관리하는 기관)이었던 쇼지쓰 소운에게 빌려주기도 했다.

고료쇼(직할령)의 수입, 슈고(지역 단위로 설치된 군사 지휘관이자 행정관)들의 헌상품, 단센(임시 세금), 주옥토창역 등의 국내 세입, 감합부(명나라가 발급한 정식 무역선 증표)와 교역품도 이곳에 보관됐다.

이 공방어창에 돈을 빌려준 일로 미루어볼 때 히노 가문은 아시카가 가문과 깊은 관계를 맺고 있었다는 사실과 막부의 재정이 부족했다는 사실을 알 수 있다. 아시카가 쇼군 가문이 도미코를 정실로 삼은 이유도 히노 가문의 재력 때문이라 추측된다. 오닌의 난에도 출진한 하타케야마 요시나리에게 1천 관을 빌려준 일은 도미코의 재력을 나타내는 일화로 자주 언급된다. 이 일 직후에 요시나리가 교토에서 철수했기 때문에 빌려준 돈이 철수 비용이었다는 이야기도 있다. 화평 공작을 위해 하타케야마에게 1천 관을 내어주고 교토에서 병력을 물린 것이다.

또 오닌의 난이 정리된 후, 도미코는 지모쿠(대신 외에 관직을 임명하는 조정 의식) 서임과 가스가春日 축제 등 전란으로 중단됐던 조정, 절, 신사의 축제를 부활시켰다. 이 일화도 도미코가 상당한 재력가였다는 사실을 뒷받침한다.

도미코는 교토의 나나쿠치七口 통행세 문제로도 악명이 자자해졌다.

막부는 1480년부터 교토로 들어가는 일곱 개 입구에 관문을 설치하고 통행세를 징수했다. "오닌의 난으로 황폐해진 황궁의 수리 비용을 충당한다."라는 명목으로 추진된 제도로 도미코가 이를 기획했다고 알려져 있다.

도미코의 험담이 잔뜩 기록된 《다이죠인 사사 잡사기大乘院寺社雜事記》에는 "세수는 황궁 수리 비용으로 사용되지 않았으며 히노 도미코가 착복했다."라고 기록되어 있다. 하지만 이는 상당히 왜곡된 기록이다. 사실 무로마치 막부는 오닌의 난 종식 직후부터 황폐해진 교토의 재건 비용을 마련하기 위해 동분서주했기 때문이다.

먼저 1478년에 총봉행(무가 벼슬인 봉행을 관리하는 직책)을 두고 각 지역에서 단센을 징수하기로 했다. 단센이란 밭 한 평당 부과되는 임시 세금이다. 그러나 각 지역이 단센 징수에 제대로 응하지 않은 탓에 비용이 좀처럼 모이지 않았다. 결국 어쩔 수 없이 쇼군 가문의 영향력이 미치는 교토의 일곱 개 입구에 관문을 설치해서 '통행세'를 걷기로 한 것이다. 전국에서 세금을 징수할 수 없었던 막부는 교토 부근에서 더 많은 세금을 거둬들일 수밖에 없었다.

그러자 교토와 그 주변 주민들은 나나쿠치 관문 설치를 격렬히 반대하며 봉기를 일으켰다. 교토에 들어갈 때 통행세를 내면 상품 유통 비용이 증가하고 나아가 물가에도 영향을 미치게 되었다. 그 결과 통행세를 부담하는 이들이 도미코를 헐뜯고 악평을 쏟아내며 그녀를 악녀로 만든 것이다.

돈으로 직접 내지 않은 세금 '간접세'

가마쿠라 시대 이후의 봉건제도 아래에서는 각 영지의 영주가 징세권을 가졌다. 따라서 천하를 통일한다 해도 다이묘의 영지에 멋대로 세금을 부과할 수 없었다. 하지만 도요토미 히데요시는 어떻게든 다이묘들로부터 세금을 거둬들이고 싶어 했다. 자신의 재정 능력을 늘리고 다이묘들의 힘을 억제하기 위해서라도 세금을 도입해야 했다.

이에 히데요시는 '천하보청天下普請'을 적극적으로 활용하기로 했다. '보청'은 토목 및 건축 사업을 뜻하는 것으로 '천하보청은' 국가를 위한 사업을 말한다.

히데요시는 "나라를 위한다."라는 명목으로 다이묘들에게 도요토미 가문의 성과 도시 정비를 맡겼다. 사업 비용도 다이묘들이 부담하기 때문에 세금 징수와 같은 효과를 발휘했다. 즉, 천하보청은 다이묘들에게 부과된 '간접세'라고 볼 수 있다.

도쿠가와 이에야스도 이 '간접세'를 답습했다. 도쿠가와 막부의 천하보청은 세키가하라關ヶ原 전투 직후부터 이루어졌다. 세키가하라 전투로부터 반년이 지난 1601년 5월, 이에야스는 교토에 니조성 축성을 시작했다. 니조성은 이에야스가 교토에 머무를 때 숙박하는 곳이었다. 이에야스는 서쪽 지방의 다이묘들에게 이 니조성의 천하보청을 맡겼다.

또 1603년 2월, 세이이타이쇼군征夷大將軍에 취임한 이에야스는 바로 다음 달에 천하보청으로 에도의 도시 정비를 명했다. 대상이 된 이들은 후다이 다이묘(세습적 주종인 관계인 가신)와 도자마 다이묘(세키가하라 전투 후에 새로 귀속된 가신)였으며 '66개 지역의 마을 보청'이라고도 불렸다.

각 다이묘의 보청 분량은 '센고쿠후千石夫'라는 방법으로 정해졌다. 센고쿠후는 영지 1천 석당 1인의 노역을 부과하는 제도였다. 10만 석 다이묘라면 100명의 노역을 제공해야 했다.

이윽고 66개 지역의 마을 보청으로 간다야마산을 깎아내서 히

비야만을 메우는 공사가 진행됐다. 에도성 아래를 흐르는 히라카와강에 니혼바시日本橋가 설치된 것도 이때다.

천하보청으로 다이묘를 통제하는 방법은 에도 시대 내내 활용됐다. 가장 까다로웠던 이들이 사쓰마薩摩번의 시마즈 가문이었다. 막부는 사쓰마번에 여러 번 명령을 내려 대규모 천하보청을 진행하게끔 했다. 사쓰마번의 천하보청은 1604년의 에도성 보수부터 시작됐다.

18세기 중반(1753년)에는 기소가와강 치수 공사 명령이 내려졌다. 기소가와강 치수 공사는 에도 시대 최대 규모의 토목공사로 공사 비용만 30만 냥 이상이 소요될 것으로 예측됐다. 당시 사쓰마번은 이미 67만 냥의 빚을 끌어안고 있었기 때문에 이 천하보청은 '영지 몰수 명령'이나 다름없었다. 이 명령이 내려졌을 때 사쓰마번 내에서는 "명령에 불복하고 막부와 싸워야 한다."라는 의견이 나왔을 정도였다.

하지만 결국 사쓰마번은 이 천하보청을 받아들였다. 그런데 공사 도중에 수해 등 예측 불가한 사태가 자주 발생했다. 이에 사태를 책임지기 위해 많은 사쓰마번 소속 무사들이 스스로 목숨을 끊었고, 그중에는 막부 관리들에게 항의하고자 자해한 이들도 있었다.

이 공사 기간을 통틀어 자살한 사쓰마번 소속 무사들의 수는 가로家老인 히라타 유키에를 비롯해 총 51명에 달했다. 공사비용도 최종적으로는 40만 냥에 달해 사쓰마번의 재정을 심각하게 압박했다. 만약 이런 천하보청이 없었다면 사쓰마는 좀 더 일찍 막부를 무너뜨렸을지도 모른다.

달달함으로 군함과 무기를 사다
'설탕세'

19세기 후반, 사쓰마번은 메이지 유신을 주도했다.

이들이 보신戊辰 전쟁으로 구 막부 세력을 구축한 배경에는 강력한 재정 능력이 자리 잡고 있었다. 그 재정 능력의 원천 중 하나가 설탕 전매 이익이었다. 하지만 이 수익은 사쓰마 삼도三島와 류큐琉球의 피땀을 착취한 결과였다.

사쓰마 삼도란 아마미오시마섬, 도쿠노시마섬, 기카이지마섬을 말하며, 사쓰마번의 속령으로 취급되던 이 섬들은 사쓰마번의 수탈 대상이 됐다.

다양한 설이 있으나 이 삼도의 설탕 제조는 1623년 무렵부터 시작됐다고 알려져 있다. 1745년 무렵에는 삼도의 공물이 쌀에서 설탕으로 바뀌었다. 막부 말에는 삼도를 극한의 상황으로 몰아넣어 설탕을 수탈했다.

사쓰마번은 공물로 부과한 설탕 외에도 섬에서 생산되는 모든 설탕을 매입하려 했다. 막부 말에 제작된 사쓰마번의 《재정개혁유서서財政改革由緒書》에는 1830년부터 삼도에서 설탕 매입제도가 시작됐다고 기록되어 있다. 이는 삼도의 설탕을 전부 매입하는 제도로, 삼도에서 생산되는 설탕의 사적인 매매를 엄금하고 위반한 자는 사형에 처할 만큼 엄격했다.

아마미오시마섬에서 해마다 상납해야 하는 설탕의 '어정식상납분御定式上納分'은 460만 근(약 2,760톤)이었다(다른 섬의 상납분은 확실하지 않지만 비슷한 상황이었다고 추측된다). 남은 설탕도 일용품과 교환한다는 명목으로 사쓰마번이 수탈했다.

일용품과 설탕의 교환 비율은 끔찍하리만치 사쓰마번에 유리했다. 아마미오시마섬의 교환 비율은 쌀 한 되당 설탕 다섯 근(약 3kg)이었다. 하지만 오사카에서는 쌀 한 되보다 설탕 한 근이 더 비쌌다. 1831년부터 1839년 사이의 가격 시세를 보면 설탕 한 근은 은 약 1.1돈, 쌀 한 되는 약 0.96돈이었다. 즉, 사쓰마번은 오사카 시장 가격의 5분의 1 이하로 설탕을 매입한 것이다.

그 외에도 사쓰마번은 더 철저히 남은 설탕과 일용품을 교환하기 위해 삼도의 통화 사용을 금지했다. "도민 간의 상품 거래를 억제하고 모든 일용품을 번에서 구매하게 만들겠다."라는 속셈이었다. 통화를 전면 폐지할 때 사쓰마번은 도민들 사이의 빚을 전부 없앴다. 즉, 덕정령을 내려 일시적으로 도민들의 불만을 흡수한 것이다. 도민 대다수가 빈곤층이었으니 효과적인 시책이라고 할 수 있었다.

또 사쓰마번은 삼도의 설탕 생산을 늘리기 위한 정책을 내놓았다. 15세 이상부터 60세 이하의 남성, 13세 이상부터 50세 이하의 여성을 대상으로 일정한 경지를 할당했다.

이 같은 사쓰마번의 설탕 전매 제도는 메이지 유신 때에도 폐지되지 않고 있다가 1873년 3월에야 겨우 오쿠라쇼(일본의 금융 담당 행정기관)가 '자유 매매'를 허가했다.

사쓰마번은 1609년부터 속국이었던 류큐에서도 설탕을 수탈했다. 류큐에서는 류큐 정부가 설탕을 독점하고 있었고 사쓰마번이 이를 매입하는 형태를 취하며 대부분 수탈해갔다.

류큐 정부의 한 해 설탕 매입 수익은 87만 근(약 522톤)이었고 그중에서 류큐 정부에 필요한 비용을 제외한 72만 근(약 432톤)을 사쓰마번이 매입했다고 한다.

에도 시대에는 번에서 생산되거나 중국에서 수입된 설탕이 공급됐다. 하지만 일본에서 소비되는 설탕의 약 절반은 사쓰마산이었다. 사쓰마번 입장에서도 설탕은 재정을 지탱하는 귀중한 특산물이었다. 1864년의 오사카 구라야시키(창고 딸린 저택) 수지 보고에 따르면 사쓰마번의 총수입 81만 냥 중 41만 냥이 설탕으로 얻은 수입이었다.

사쓰마번은 설탕으로 벌어들인 수입 덕분에 서양의 군함과 무기를 매입해 막부를 타도할 수 있었다.

PART 2

세계를 뒤흔든 '기막힌 세금'

문화와 전통에는 각 나라에서 지켜나가려는 가치가 담겨 있다. 하지만 국가 경제가 열악한 상황에 몰리면 이를 이용하고자 하는 세금 정책이 등장한다. 다소 황당하고 약자에게 터무니없는 부담을 주는 아주 무례한 세금이다. 하지만 전통의 가치를 보존해야 한다는 논리에 반발하지 못한다. 역사적으로 다시는 반복되지 않아야 할 세금들이다.

영주와의 첫날 밤 때문에 생긴 '초야세'

고대부터 중세에 걸쳐 유럽에는 '초야세'가 있었다.

황당하지만 영주는 영주민이 결혼하는 부인과 첫날밤에 동침할 수 있는 '초야권'이라는 권리를 가졌다. 결혼하려는 영주민이 영주의 초야권을 거부하려면 세금을 내야 했는데 이 세금이 바로 초야세다.

그런데 초야권과 초야세에 대한 명확한 기록이 남아 있지 않아서 그 존재를 부정하는 이들도 있다. "당시 모든 영주는 영주민을 가혹하게 대했다."라는 인식에서 생겨난 후세 사람들의 상상에 불과하다는 의견이다.

하지만 초야세의 흔적을 찾기란 어렵지 않다. 모차르트의 오페라 〈피가로의 결혼〉을 보자. 이 곡의 내용은 초야권의 부활을 노리는 백작과 영주민 사이에서 일어나는 일을 그린 작품이다. 초야권이 오페라로 만들어질 만큼 유럽에서는 보편적인 제도였다는 사실을 알 수 있다.

또한, '말자상속' 관습이 초야권과 관련이 있다고 주장하는 학자도 있다. 말자상속이란 집안의 막내가 상속자가 되는 제도다. 첫째 아이는 초야권으로 생긴 아이라 아버지가 불확실하니 아예 확실한 핏줄인 막내를 상속자로 삼는 것이다. 하나의 가설에 불과하지만 이것도 초야권과 초야세의 정황 증거가 된다.

그리고 세계 곳곳에도 초야세와 비슷한 '결혼세'가 존재했다. 결혼세란 결혼하는 커플, 혹은 그 부모가 내는 세금이다. 가장 오래된 기록은 함무라비 법전에 남아 있고, 중세 유럽에서도 각지에서 결혼세를 징수했다.

그 외에도 중세 영국에는 영주민의 딸이 결혼할 때 부모가 영주에게 양 한 마리를 바치는 관습이 있었다. 다만 관습이 세금이었다는 명확한 증거는 없다. 세계 각지에 존재하는 이러한 풍습은 아프리카 콩고에서도 확인된다.

가슴을 가리고 싶거든 '유방세'

지금으로부터 약 200년 전, 인도 케랄라주에는 '유방세'라는 가혹한 세금이 있었다.

당시 인도는 영국의 교묘한 식민지 지배 방식으로 혼란을 겪고 있었다. 커지는 종교 대립과 카스트 신분제도의 갈등으로 민중은 분열되고 부와 노동력을 착취당해야 했다. 더구나 인도 각 주의 위정자들은 자금을 충당하기 위해 민중에게 가혹한 세금을 부과했다. 그중 하나가 유방세다.

유방세는 신분이 낮은 여성이 거리를 다닐 때 유방을 감추고 싶다면 내야 하는 세금이었다. 유방세를 내지 않으면 사람들 앞에서 유방을 가릴 수 없었다. 세액은 유방의 크기에 따라 정해졌다. 과세 대상이 된 여성은 스무 살이 되면 관리에게 유방을 측정 당하는 굴욕을 겪어야 했다.

인도의 카스트 제도는 다섯 계급으로 나뉜다. 사제계급인 '브라만', 그 아래로 무사나 귀족인 '크샤트리아', 평민계급인 '바이샤', 노예계급인 '수드라'가 있다. 가장 아래 계급은 '불가촉천민'이다. 그러나 이 다섯 계급 안에서도 '자티'라는 구분으로 더 촘촘하게 나뉘는데 직업과 관련된 구분은 무려 3,000종류에 이른다.

아이는 태어나면서부터 부모의 자티에 따라 직업이 정해졌다. 다른 자티로 이동할 수도 없고 결혼도 같은 자티 혹은 비슷한 자티 사이에서 이루어졌다. 인도인은 엄격한 신분제도 안에 갇혀 살면서도 자신보다 하위인 자티를 업신여겼다. 이러한 멸시가 유방세라는 말도 안 되는 세금을 만들어낸 것이다.

케랄라주의 체르탈라 지구에 난젤리라는 아름다운 여인이 있었다. 농민의 부인이었던 난젤리는 카스트 제도 최하층에 속해 유방세 납부 대상이었다. 하지만 난젤리는 유방세를 내지 않았다. 그럼에도 언제나 가슴을 감추고 거리에 나갔다.

어느 날 징세관이 병사들과 함께 난젤리의 집까지 찾아왔다.

난젤리는 징세관에게 기다리라는 말을 남기고 집 안으로 들어가 자기 가슴을 도려냈다. 그리고 그 유방을 징세관에게 건넸다. 난젤리는 과다출혈로 사망했고 남편도 장례식을 치른 후 스스로 목숨을 끊었다. 이 비참한 사건이 계기가 되어 케랄라주에서 항의 운동이 일어났고 유방세는 폐지됐다.

다른 종교를 믿는 벌
'이교도세'

종교 대립의 원인은 '이교도세'와 관련이 깊다고 볼 수 있다.

세계 역사를 보면 정복한 나라의 원주민들에게 자신들의 종교를 전파하고 개종하지 않는 사람에게 무거운 세금을 매겼다. 이에 종교적 신념으로 개종하지 못하는 사람은 억울할 수밖에 없었다. 이교도세는 고대 로마 시대 때부터 이미 존재했다. 세금 부과 대상은 유대교 신자들인 유대인이었다.

유대인의 시조는 지금으로부터 4,000년 전 팔레스타인 지방에 살던 사람들이다. 그들은 기원전 6세기 무렵에 나라를 잃었다. 그 이유를 굵직한 역사의 줄기에 따라 살펴보면 주변에 건국된 강대한 나라의 침공으로 거주하던 땅에서 쫓겨났기 때문이다. 그 후 유대인은 2,000년이 넘는 시간 동안 '방랑의 민족'으로 살아야 했다. 하지만 그들은 방랑 중에도 결코 자신의 종교를 잃지 않았다. 이것이 바로 나라가 없음에도 유대인이 존재할 수 있었던 이유이기도 하다.

72년, 로마 황제 베스파시아누스는 나라를 잃은 유대인들을 대상으로 특별한 세금을 창설했다. 유대인에게만 다른 민족보다 더 높은 로마 점령지 세금을 부과한 것이다. 이 '유대인 특별세'는 이후 약 300년 동안이나 유대인의 숨통을 옥죄다 362년 율리아누스 황제 때 폐지됐다.

하지만 로마 제국 멸망 후 서로마 제국이 들어서면서 813년에 카롤루스 대제가 유대인 특별세를 부활시켰는데 과거보다 더 가혹해졌다고 한다.

유대인들은 가혹하고 무거운 세금을 피하고자 유럽 각지, 아랍, 아프리카, 아시아 등 세계 각지로 흩어지게 되었다. 그럼에도 불구하고 그들은 어디서든 유대교를 신실하게 믿었다. 게다가 독특한 그들의 생활 습관을 유지했기 때문에 종종 박해 대상이 되기도 했다. 유대인들의 거주를 허용한 국가에서도 그들의 거주 지역을 '게토'라 불리는 지역에 한정해 가둬두는 일이 많았다. 그리고 로마처럼 무거운 세금을 부과했다.

특히 기독교 사회는 유대인들에게 더 가혹했다. 11세기 말부터 시작된 십자군 원정은 유대인 마을을 습격해서 빼앗은 재산을 군자금으로 사용하는 일을 당연하게 여겼다. 유대인이 무거운 세금을 내거나 습격을 당했던 이유 중 하나는 "유대인은 부자다."라는 인식이 퍼져 있었기 때문이다. 유대인은 나라가 없는 방랑 민족이었지만 예로부터 부자가 많다고 알려져 있었다.

땅이 없는 유대인들은 농사를 지을 수 없었다. 따라서 필연적으로 상업에 종사할 수밖에 없었기에 상업적 재능이 매우 뛰어났다. 중세 이후 고리대금업이나 환전상 등 금융업에 종사하는 이들이 늘어나자 유대인은 금융업자의 대명사가 됐다. 유명한 셰익스피어의 희극 〈베니스의 상인〉에 등장하는 유대인 샤일록도 교활한 고리대금업자다.

기독교 사회는 "돈을 빌려주고 이자로 부를 축적해서는 안 된다."라고 여겼다. 금융업 종사자에 대한 멸시도 유대인들이 박해당한 요인 중 하나라고 여겨진다.

하지만 유대인들이 금융업에 종사하게 된 것은 이들 탓이 아니다. 유대교 성전인 구약 성경에는 "가난한 자들에게서는 이자를 취하지 말고 돈을 빌려줘야 한다."라고 쓰여 있다. 일단 빌려준 돈으로 이익을 얻는 행위를 금지하고 있다고 볼 수 있다.

이후 11세기에 유대교 랍비(지도자)가 발표한 견해로 전환점을 맞이하게 됐다.

"우리 유대인은 국왕과 귀족에게 세금을 내야 하고 생활비도 벌어야 한다. 따라서 금융업을 금하지 않겠다."라는 내용이었다. 이에 유대인은 공공연하게 고리대금업을 생업으로 삼게 됐다. 유대인은 무거운 이교도세 때문에 고리대금업자가 될 수밖에 없었던 것이다. 유대인 고리대금업자는 서민을 대상으로 하는 전당포로 시작해서 이내 귀족 등 상류 계층에도 돈을 빌려주게 됐다. 이런 과정을 통해 유대인들은 세계적인 금융 전문가가 됐다.

현재 전 세계의 유명한 은행 가운데서도 유대인이 설립했거나 경영 중인 곳이 많다. 이는 이러한 역사적 배경 때문이다.

이슬람의 포교 정책 '인두세'

이슬람 국가들도 이교도에게는 무거운 세금을 부과했다.

애초에 이슬람 국가들은 건국 당시 "이슬람교를 믿으면 세금을 낮춰준다."라는 정책을 내세웠다. 이교도에게 부과되는 세금이 상대적으로 높아지니 이것도 이교도세라고 부를 수 있다.

메카의 상인 마호메트가 창시한 이슬람교는 처음부터 종교이자 국가였다. 마호메트가 이슬람교를 포교하며 이슬람 국가의 세력권도 급속히 확대됐다. 이때 세력을 확대하기 위해 활용했던 큰 무기가 바로 '감세'다.

마호메트의 시대는 로마 제국 멸망 이후 바로 시작됐다. 당시

이 지역에는 '토지세'와 '인두세'가 부과됐다. 토지세는 토지 면적에 따라 부과되는 세금이다. 인두세는 국민 모두에게 일정액을 부과하는 세금으로 전 세계 다양한 지역에서 볼 수 있다. 현대의 주민세와 비슷한 개념이다.

구 로마 제국의 영지민들은 토지세와 인두세로 고통받았다. 로마 제국의 국교는 기독교였으며 주민 대부분은 기독교도였다. 로마 제국은 기독교 교회와 손을 잡고 가혹한 세금을 징수했다. 기독교도라면 납세를 피할 수 없는 시스템이 갖춰져 있었던 셈이다. 그런데 마호메트는 "이슬람교로 개종하면 인두세를 면세해주겠다."라고 말했다. 그 결과 인두세로 고통받던 기독교도들이 일제히 이슬람교로 개종하게 된 것이다.

이슬람 제국의 징세는 정복한 나라에서도 관대했다. 이슬람 제국이 정복하기 전의 이집트는 토지세를 금화 혹은 은화로 내야 했다. 그러나 이슬람 제국에서는 금화, 은화가 아니라 영지민들의 형편에 유리한 물품(곡물 등)으로 낼 수 있었다. 게다가 이슬람교도가 가축 방목 등의 용도로 조금이라도 사용한 토지는 토지세가 면세됐다.

또 인두세 대상은 이교도 상인뿐이었으며 이슬람교도나 농민은 부과 대상이 아니었다. 심지어 작황이 불황일 때는 이교도 상인도 세금이 면제됐다. 이슬람은 기독교, 유대교에서 개종하지 않는 이들도 결코 거칠게 대하지 않았다. 기독교도와 유대교도는 '경전의 민족(이슬람교와 같은 일신교를 믿는 자)'으로 여겨져 개종을 강요당하지 않았다. 이슬람 제국이 엄격하게 개종을 요구한 대상은 다신교 신자였다.

기독교도와 유대교도는 일정한 규칙만 지킨다면 이슬람 제국 내에서도 자유롭고 안전하게 생활할 수 있었다. 규칙 내용은 "인두세를 납부해야 한다. 이슬람교도 남성을 때려서는 안 된다. 이슬람교도 여성을 취해서는 안 된다. 이슬람교도 여행자를 친절하게 대접해야 한다." 등이다. 게다가 기독교도와 유대교도가 내는 인두세도 다른 지배자들이 다스리던 시절보다 상당히 낮았다. 이슬람 제국이 부과하는 세금은 종교와 무관하게 과거의 지배자들보다 낮았다.

그러나 마호메트 사후에 어느 정도 시간이 흐르자 정치가 부패하기 시작했다. '칼리프'라 불리는 종교 지도자들은 많은 세금을 징수해 부를 축적하기 시작했다. 또한 비이슬람교도는 물론 이슬람교로 개종한 이들에게도 세금을 부과하기 시작했다. 로마 제국 말기와 같은 상태가 된 것이다. 마호메트 사후 600년이 지난 후에 탄생한 오스만제국은 기독교도에게 더욱 엄격한 세금을 부과했다. 심지어 아이를 세금으로 징수한 지역도 있었다.

오스만제국의 전성기에는 동유럽, 소아시아, 메소포타미아, 이집트를 영토로 삼았다. 그중 아나톨리아 지방과 발칸 지방 등 기독교도가 많은 지역에서 정기적으로 소년들을 징발했다. 그리고 이슬람교도로 개종시켜 군인과 관료로 육성했다. 아이를 빼앗긴 기독교도 부모에게는 고통스럽기 그지없는 처사였다. '데브쉬르메'라고 불리는 이 제도는 오스만제국의 군사와 행정을 지탱하는 중요한 시스템이기도 했다. 그런데 '데브쉬르메'로 징발된 소년들은 나중에 고위 관료가 되어 오스만제국 정부에서 중추적 역할을 담당했다.

또 오스만제국은 유대인을 적극적으로 등용했다고 알려져 있다. 무거운 세금을 부과하긴 했지만, 마호메트 시대와 다름없이 '경전의 민족'과 공생했다고도 볼 수 있다.

아무나 멋진 수염을 기를 수 없다
'수염세'

러시아의 원형은 15세기에 완성됐다고 알려져 있다. 당시 러시아는 강대국은 아니었고 서유럽에 비하면 문화나 과학기술도 뒤처진 촌구석 같은 존재였다. 그러나 18세기 초반에 표트르 대제가 등장하며 러시아는 강국의 지위를 갖게 됐다. 표트르 대제가 '러시아 제국'을 만든 것이다.

표트르 대제는 매우 진보적인 인물이었다. 국가를 번영시키기 위해 표트르 대제는 잇따라 개혁을 추진했다. 서유럽에 방문단을 파견해 기술을 시찰하고 해군을 창설해 군사력을 강화했다. 그런데 이러한 정책을 실행하려면 자금이 필요했다. 이에 표트르 대제는 다양한 새로운 세금 제도를 만들었다. 그중에는 상당히 특이한 세금도 있었는데 바로 '수염세'였다.

1705년에 만들어진 '수염세'는 이름 그대로 콧수염이 있는 이들에게 부과되는 세금이었다.

세액은 각 신분의 재산 사정에 따라 바뀌었다. 대부호는 100루블, 귀족·관리·상인은 60루블, 수도사는 50루블, 일반 시민은 30루블, 농민은 1코페이카(1루블의 100분의 1)였다.

수염세를 납부하면 영수증을 줬다. 세금 징수인은 거리를 감시하며 수염을 길렀는데도 영수증이 없는 세금 납부 위반자를 찾아내서 벌금을 징수했다. 또 위반 신고 제도가 마련되어 있어 위반자를 신고하면 징수세액의 절반을 받을 수 있었다.

표트르 대제는 그 외에도 '굴뚝세', '모자세', '솥세' 등의 세금을 만들었다. 하지만 모두 효율이 낮은 데다 평판도 나빴다. 최종적으로 세금은 대부분 폐지되고 인두세로 집약됐다.

결혼하지 않고 혼자 살겠다면 '독신세'

동서고금을 막론하고 징세 당국에서는 독신자의 세금을 늘리거나 특별한 세금을 부과했다. 어느 사회든 "결혼해서 아이를 낳는 것이 사회에 대한 공헌이다."라는 인식이 있었고, 이를 따르지 않는 독신자에게는 무거운 세금을 징수해도 된다는 사고방식이 있었기 때문이다. 현대 일본에서도 결혼한 사람에게는 '배우자 공제'나 '부양공제' 등 세금을 낮춰주는 제도가 있다. 독신자들은 이런 혜택을 받을 수 없으니 이 또한 일종의 독신세라고 할 수 있다.

사실 고대 중국에도 독신세가 존재했다. 기원전 221년, 진나라의 시황제는 최초로 중국 통일을 이뤘다. 당시 이미 중국 사회에서는 지폐를 사용했고 세금 제도도 상당히 정비되어 있었다. 진나라에서는 '산부算賦'라는 인두세를 부과했다.

인두세는 한 사람당 부과되는 세금이다. 풍요로운 자에게도 가난한 자에게도 똑같은 금액이 부과되었기 때문에 가난한 서민에게는 과중한 세금으로 느껴졌다. 그러나 징세자 입장에서는 인원수만 확인하면 되는 편리한 세금 제도였다. 징세가 수월하다는 이점 때문에 위정자들은 고대로부터 인두세를 자주 도입했다.

'산부'의 기원은 진이 건국되기 이전인 전국시대 때 각국에 존재했던 '부賦'라는 세금이었다. '부'는 병역에 종사하지 않는 자로부터 징수하는 세금을 말한다. 즉, 처음에는 전쟁에 참전하지 않을 권리를 얻기 위해 납부했던 세금이었으나 어느새 모든 이들에게 부과되는 세금으로 바뀌었다.

지폐 경제가 발달한 진 시대에는 모든 산부를 지폐로 징수했다. 15세부터 56세 사이의 남녀는 매년 120전, 상인과 노비에게는 그 두 배가 부과됐다. 그리고 15세부터 30세 사이의 '미혼 여성'에게는 5배에 달하는 600전의 산부가 부과됐다. 적령기에 결혼하지 않는 젊은 여성을 노려서 높은 세금을 부과한 것이다. 젊은 여성은 빨리 결혼해야 한다는 당시 사상이 반영된 세액이라 할 수 있다.

다만 현실적으로 볼 때 이 연령대의 여성 대부분이 기혼이었기 때문에 고액의 산부를 납부한 여성은 그리 많지 않았다.

철은 아무나 다룰 수 없다
'철세'

기원전 2세기, 전한의 7대 황제 무제가 중국을 다스리고 있었다. 무제는 고대 중국의 불구대천의 적이라 할 수 있는 흉노를 공격해 일시적으로 진압했다. 또 남월(현재의 베트남 주변)까지 영토를 넓히는 등 한나라의 세력을 크게 확대한 황제였다. 즉, 전성기의 전한에 군림한 황제라 할 수 있다.

흉노 진압, 영토 확대에는 당연히 막대한 군비가 소요되었다. 무기, 식량, 병사들에게 내릴 포상도 필요했다. 따라서 무제는 여러 가지 새로운 세금 제도를 창설했다.

기원전 120년에는 '소금'과 '철'에 세금을 부과했다. 소금은 예나 지금이나 여러 나라에서 세금을 부과했지만, 철에 대한 과세는 드물었다. 그럼 무제는 왜 '철세'를 만들었을까?

당시 중국은 선진 제철 기술을 보유하고 있었다. 고대 세계에서는 철광석을 반쯤 녹여 망치로 두드리는 '단조' 작업으로 철제품을 만들었다. 그러나 중국은 이보다 더 앞서나간 방법을 개발했다. 철광석을 녹여서 거푸집에 흘려 넣어 철제품을 만드는 '주조' 기법을 사용한 것이다. 유럽에서는 14세기부터 철에 주조 기법이 사용됐으니 중국은 실로 천 년 이상 역사를 앞서갔다고 할 수 있다. 또 한나라 시대(기원 전후)에는 이미 송풍기를 갖춘 용광로도 만들어졌는데 그 구조가 현재 사용되는 용광로와 크게 다르지 않았다.

이렇게 제조된 철은 무기 외에 농기구로도 사용되기 시작했다. 철이 생활필수품으로 자리 잡은 만큼 세금을 부과하면 거액의 수익이 보장됐다. 무제는 국가가 독점적으로 철을 제조하게 하고 판매 수익도 모두 국가가 가져갔다. 처음부터 세금을 포함한 가격으로 판매하면 별도 부과 방식보다 세금 징수가 쉬우니 국가 입장에서는 전매 제도를 적용하는 편이 더 많은 이익을 얻을 수 있었다. 단 전매 제도는 제조, 관리도 전부 국가의 몫이었다.

한나라 정부는 철광석 산지 50곳에 '철관鐵官'이라 불리는 기관을 설치하고 국가 직영 제철소를 만들었다. 그리고 사적으로 철을 제조한 자에게 중형을 내렸다. 그래도 철을 몰래 제조하는 이들이 있었던 듯하다. 전한 시대의 철광 유적이 철관이 설치된 지역 외에서도 발견되기 때문이다.

기원전 98년에는 '술'에도 전매 제도가 적용됐다. 하지만 이때는 백성들이 거세게 반발한 탓에 무제 사후인 기원전 81년에 술의 자유 판매가 인정됐다.

중국인의 거센 반발을 초래한 '월병세'

중국의 '월병'이라는 과자를 아는가? 달을 닮은 동그란 모양의 달콤한 과자다. 중국에는 중추절에 월병을 먹는 관습이 있다. 월병은 중국인의 계절 행사에서 빼놓을 수 없는 음식이다.

중추절에는 서로 월병을 보내는 관습이 있어 직원들에게 월병을 나눠주는 회사도 많다. 이 월병은 꽤 비싼 과자로 한 개에 몇천 원인 제품부터 몇만 원인 제품까지 가격대가 다양하다. 중국인의 평균 월수입이 백만 원가량이니 한 개에 만 원인 월병 열 개는 월수입의 10%에 달한다.

과거 중국에서는 기업이 직원에게 월병을 나눠주면 기업 경비로 처리할 수 있었다. 그러나 월병은 고급 과자이기 때문에 지출 금액이 상당했다. 이에 정부는 2011년부터 기업이 직원에게 나눠주는 월병 금액을 급여로 처리하게 했다. 즉, 월병 금액이 과세 대상 소득에 추가된 것이다.

이러한 방식에 많은 중국인이 거세게 반발했다. 이 세금이 도입됐을 당시에는 "월병을 먹지 않겠다."라고 선언하기도 했다. 그러나 과세소득에 추가된다고 해도 실제로 추가되는 세금은 월병 금액의 10~20% 정도밖에 오르지 않는다. 그러니 월병세를 낸다 해도 회사에서 월병을 받는 편이 이득이다. 현재 중국인 대부분은 불만스러워하면서도 월병세를 내며 월병을 먹고 있다.

분뇨는 국가 수익
'공중화장실세'

제정 로마의 베스파시아누스 황제에 관한 일화다.

베스파시아누스 황제는 폭군 황제 '네로'의 부하로 군인이자 재정관이었다. 60세에 황제의 자리에 오른 베스파시아누스에게 주어진 큰 과제는 '국가 재정 재건'이었다.

그가 점령지에 거액의 세금을 부과하면 과중한 세금에 반발하는 반란이 각지에서 일어났고, 이를 진압하기 위해서는 거액의 군비가 소요됐다. 이 악순환을 끊으려면 새로운 재원이 필요했다. 베스파시아누스 황제는 다양한 간접세를 늘려서 재원을 확보하려 했다. 그 일환으로 만들어진 세금이 '공중화장실세'다.

공중화장실세는 공중화장실 이용자에게 부과하는 세금이 아니라 분뇨를 수거하는 업자에게 부과하는 세금이었다. 당시 로마에는 분뇨의 암모니아를 양모 세탁에 사용했는데, 공중화장실의 분뇨를 업자가 수거하여 수익을 내고 있었기 때문이다.

공중화장실세는 베스파시아누스 황제의 증세 정책을 상징했다. 그리고 당시 증세에 반대하는 이들이 비판하기 좋은 대상이기도 했다. 베스파시아누스 황제의 아들인 티투스조차 "분뇨에 세금을 매기다니 더럽다."라고 비판했다. 그러자 베스파시아누스 황제는 '공중화장실세'로 처음 징수한 돈을 아들에게 건네고는 말했다.

"돈에서 냄새가 나느냐?"

이미 2,000년 전에 온 나라에서 세금을 징수할 만큼 많은 공중화장실을 설치했다고 하니, 수준 높은 로마 문명에 놀라지 않을 수 없다.

난로가 많을수록 부자
'난로세'

영국에서는 1662년에 '난로세'가 창설됐다.

당시 영국은 네덜란드, 프랑스, 영국 등과 전쟁을 반복했으며 난로세가 창설된 해로부터 2년 후에는 영국과 네덜란드의 제2차 전쟁이 시작됐다. 따라서 전쟁에 따른 자금이 항상 부족한 상황이었다. 당시 소비세나 관세 등은 이미 상당히 세율이 높았으므로 이를 증세할 수는 없었다. 그래서 새로 창설한 세금이 바로 '난로세'다.

국민들은 난로세에 거세게 반발했다. 난로세에는 명백한 여러 가지 결함이 있었기 때문이다. 제일 먼저 가난한 이들에게는 큰 부담이었다. 난로세 세액은 각 가정의 난로 하나당 2실링이었고, 집세가 20실링 이하인 가정이나 빈곤층은 면세 대상이었다. 하지만 20실링 이상이면 아무리 가난한 가정이라도 난로세를 내야 했다. 그렇다고 유복한 가정이라고 해서 난로를 아주 많이 설치하지도 않았다. 즉, 20실링 이상이면 가난하든 유복하든 난로 수만큼 세금을 내야 했다는 말이다.

난로세를 징수할 때는 징수 관리인이 각 가정의 난로 개수를 조사했다. 하지만 관리가 집안에 들어와 내부를 조사하는 행위는 사람들에게 매우 큰 굴욕이었다. 따라서 국민들은 난로세에 맹렬하게 반발했고 난로세 징수는 난항을 겪을 수밖에 없었다. 똘똘 뭉쳐서 난로세 징수에 반발하는 지역에서는 징세 관리자가 살해당하는 사건까지 발생했다.

이 외에도 난로세가 면세되는 '빈곤 증명서'가 부정 발행되는 경우도 잇따랐다. 빈곤 증명서는 교회 등에서 발행했는데 경제 상황 등을 제대로 조사하지 않고 발행하거나 빈곤 증명서를 판매하는 교회까지 등장했다. 또 난로를 덮어서 감추는 탈세 방법도 자주 활용됐다.

이렇듯 사회에 혼란을 초래한 난로세는 도입 후 얼마 지나지 않은 1689년에 폐지됐다. 그러나 보기 드문 가혹한 세금 제도로 지금까지도 그 명성이 자자하다.

창문의 개수대로 부과되는 '창문세'

유럽의 거리를 걷다 보면 고풍스럽고 멋진 건물들이 많다. 마치 유럽의 거리 전체가 '놀이동산'처럼 느껴지는 듯하다. 100~300년 전에 지어진 건물도 흔하게 볼 수 있으며 일상적으로 사용하고 있다. 그들은 역사적인 경관을 소중히 여긴다. 무엇보다 건물 자체가 석조여서 매우 튼튼하다. 유럽의 거리가 낭만적인 분위기를 자아내는 데는 이런 건물의 멋스러운 디자인이 살아 숨쉬기 때문이다.

하지만 일본은 100년 전의 건물이 매우 드물고, 남아 있는 건물도 지방자치단체의 문화재로 지정해서 보호하고 있다. 100년 전의 건물이 평범한 민가로 사용되는 일은 매우 드물다.

유럽의 오래된 건물 중에는 창문이 메꿔진 건물들이 있다. 창문은 많아도 대부분이 벽과 같은 소재로 막혀 있어 본연의 역할을 하는 창문은 일부에 불과하다.

왜 이런 건물이 남아 있을까? 여기에도 세금이 깊게 관련되어 있다.

17세기 말인 1696년, 영국에서는 '창문세'가 만들어졌다. 난로세에 시달리던 정부 당국이 새로 창문세를 신설한 것이다. 이전에 징수 관리인이 집안에 들어가 난로를 조사하는 바람에 거센 반발을 일으켰던 난로세의 대안이었다. 하지만 창문이라면 집안에 들어가지 않아도 밖에서 확인할 수 있었다. 게다가 창문 수는 건물 크기에 비례하니 큰 집에 사는 부자는 세금을 많이 내고 작고 가난한 집은 그만큼 세금이 줄어들었다.

그러나 이 방식을 두고 애덤 스미스는 국부론에서 "도시의 비싼 집에 사는 사람보다 지방의 싸고 넓은 집에 사는 사람이 더 많은 세금을 내야만 하니 불공평하다."라고 말했다. 영국인은 예로부터 "세금을 부과할 때는 가난한 자를 배려한다."라는 방침을 중시하고 있었다.

창문세는 한 건물당 창문 6개까지는 면세됐다. 7~9개는 2실링, 10~19개는 6실링, 20개 이상은 8실링을 냈다. 창문세는 150

년 넘게 부과됐으며 1851년이 되어서야 폐지됐다. 따라서 17세기 말부터 19세기 중반에 세워진 건물은 창문이 막혀 있는 것이 많다. 창문을 줄여서 세금을 피하려 했기 때문이다.

이후 프랑스 등 다른 유럽 국가들도 영국을 본떠 창문세를 도입했다.

코기의 꼬리는 유죄
'개 꼬리세'

'코기'라는 견종을 아는가?

코기의 특징은 긴 몸통 그리고 짧은 다리와 꼬리다. 아, 꼬리가 긴 종도 있기는 하다. 원산지는 영국이며 과거에는 목양견으로 활약했다. 영국 왕실의 애완견으로 유명해져서 현재는 전 세계에서 반려견으로 사랑받고 있다.

코기는 특징인 짧은 꼬리를 만들기 위해 어릴 때 꼬리를 자르는 단미斷尾를 실행한다. 사실 코기의 꼬리를 자르는 이 관습은 세금과 관련이 있다.

과거 영국 상류사회에서는 한때 사슴 사냥이 유행했다. 그러나 농장에서 기르는 코기가 사냥감인 사슴을 습격하는 일이 잦았기 때문에 국왕은 코기가 빨리 달리지 못하도록 다리 등에 상처를 입히라는 명을 내렸다. 이를 거부하면 벌금에 해당하는 세금을 내야 했다.

돈이 없는 농가는 세금을 피하려고 코기의 꼬리를 잘랐다. 당시에는 꼬리를 자르면 빨리 달릴 수 없다고 생각했기 때문이다.

이 관습이 정착한 탓에 지금도 여전히 코기의 꼬리를 자르는 관습이 있다. 이 외에도 "소에게 밟히지 않도록 꼬리를 짧게 잘랐다."라는 설도 있다.

그나저나 세금 때문에 꼬리를 잘린 코기가 안쓰럽다. 물론 현재 영국에는 '꼬리세'가 존재하지 않는다.

자본주의는 축복을 불공평하게 나눠주고
사회주의는 불행을 공평하게 나눠준다.

윈스턴 처칠

PART 3

일본의 '황당한 세금'

한 나라 안에서도 시대가 바뀌고 문화가 바뀌면서 세금 정책도 변한다. 지역이나 주민의 환경을 개선하고 보완하기 위한 명분으로 등장하는 세금이다. 그러나 올바른 정책이 아닌 국민의 주머니를 터는 세금만이 그 해결책은 아닐 것이다. 국민의 동의를 얻지 못한 세금은 저항을 부르게 되어 있다.

전쟁에서 지켜줄게
'전쟁 회피세'

전국시대의 패자霸者 오다 노부나가는 전쟁 비용을 조달하기 위해 '전쟁 회피세'라는 세금을 부과했다. 당시 전투에서는 무사들이 사방에 진을 쳤기 때문에 근처 주민들은 피난을 가야 했다. 전투가 시작되면 무사들은 마을에 불을 지르거나 건물을 무너뜨리는 일이 비일비재했다. 지역 주민들에게 전투는 굉장한 민폐였다.

이에 주민들은 전투가 일어날 기미가 보이면 일정한 금액을 지불하고 '방어어례防御御礼'라는 패를 받았다. 이 패가 있는 곳은 군대가 진을 칠 수 없고 행패를 부릴 수 없었다.

노부나가도 이 방어어례를 발행했다. 1568년, 노부나가가 아시카가 요시아키를 옹립해 교토에 입성했을 당시, 나라에서는 1천 관貫에 달하는 '판전判錢'을 징수했다. 루이스 프로이스의 《일본사》에도 "주요 사원이나 사카이堺 같은 큰 동네에서는 '주인朱印'이라 불리는 노부나가의 윤허장이 없으면 안전이 보장되지 않는다."라고 기록되어 있다. '판전'이란 방어어례를 얻기 위해 치르는 금전을 가리키고, '주인'은 방어어례의 별칭이라 추측된다.

노부나가의 '방어어례'는 다른 무장들과는 조금 달랐다. 동네 주민들이나 마을 사람들에게 매우 유리한 구조를 갖추고 있었다. 다른 무장의 방어어례는 현장의 부대가 자유롭게 발행했기 때문에 정확한 발행처를 알 수 없었다. 또 부대마다 방어어례가 필요했기 때문에 각 부대에서 이중 삼중으로 야센(전쟁세)을 징수하기도 했다.

그러나 노부나가가 발행하는 '방어어례'는 한 번 받으면 현장 부대에 세금을 낼 필요가 없었다. 노부나가의 방어어례가 붙어 있는 장소에서는 부대가 야센을 걷는 행위가 엄격하게 금지했기 때문이다. 또한 노부나가는 병사들이 마을 사람들에게 행패를 부리지 못하도록 엄격하게 관리했다.

《신장공기信長公記》에는 이런 기록이 있다.

"노부나가는 '군대가 교토에 입성하면 패악을 부리는 자들이 나올 수도 있다.'라고 생각해 교토 내외의 경비를 명했기 때문에 행패를 부리는 자들이 없었다."

또 1569년, 노부나가가 교토에 쇼군 요시아키의 저택을 짓던 당시에 노부나가 병사 중 하나가 구경꾼 여성이 쓰고 있던 천을 걷어 얼굴을 보려 했다. 이를 목격한 노부나가는 그 자리에서 그 병사를 베어버렸다고 한다.

이런 엄격한 군율 덕분에 지역 주민들도 '노부나가의 방어어례를 받으면 안심할 수 있다.'라고 생각하게 됐다. 노부나가는 이런 '친절한 태도'로 영지민들의 민심을 얻었고, 그 덕분에 천하를 두고 경쟁할 때 다른 무장들보다 앞설 수 있었다.

대단한 성을 보여줄게
'입장세'

노부나가가 천하를 거의 손에 넣었을 때 새 본거지로 세워진 곳이 아즈치성이다. 안타깝게도 아즈치성은 현재 남아 있지 않지만, 상상을 초월할 만큼 거대하고 아름다운 건물이었다고 한다.

아즈치성은 지하(석조창고) 1층, 지상 6층인 7층짜리 건물로 외관은 다섯 개 층으로 나뉘어 있었다. 덴슈카쿠(성의 전망대)의 높이는 약 30미터였다. 현대 감각으로는 약 10층 높이의 건물이라고 할 수 있다. 이 성은 다른 성에 비해 독특한 외관을 지녔다. 외벽은 층마다 금, 청, 적, 백, 흑으로 칠해졌다. 이런 화려한 색채의 건물은 일본에 거의 존재하지 않는다. 오히려 동남아시아 등의 건물과 비슷하다. 노부나가가 선교사들에게 인도의 건물에 관해 자세히 물었다고 하니 그 영향을 받았는지도 모른다.

각 층의 맹장지(문을 전부 종이로 싸 바른 문)에는 다양한 취향의 그림이 그려져 있다. 금박을 붙이거나 아교에 갠 금박가루를 칠한 이 그림들은 매우 호화로웠다고 한다.

1582년 1월 1일, 이 아즈치성은 일반인들에게 공개가 됐다. 새해 인사를 받는 형태로 가신과 다이묘, 일반인까지 아즈치성에 초대했다. 완공 후 일반인에게 내부가 공개된 성은 아즈치성이 최초라고 알려져 있다.

지금은 거대한 건축물이 완공되면 많은 사람을 초대해 파티를 연다. 하지만 당시는 전국시대였다. 성 내부는 군사기밀이어서 원칙적으로 외부에 공개하기 힘든 시기였다. 그러나 노부나가는 굳이 내부를 공개했다. 이는 노부나가가 "더 이상 내게 대적할 자는 없다."라는 자신감을 표출하기 위해 택한 방법이었다. 또 훌륭한 성을 선보여 반항의 싹을 꺾어버리려는 의도도 있었다.

성을 공개하자 많은 사람이 성을 찾았다. 방문객들이 돌담을 밟아 무너뜨려 사람과 돌이 함께 무너져내리는 바람에 사망자까지 나오는 등 혼란이 일어났다. 그러자 이를 방지하기 위해 먼저 가신, 그다음에 다른 지역에서 찾아온 이들, 마지막에 주민을 입장시켰다. 계단을 올라가면 객실로 안내됐으며 행차한 천황을 맞이하는 방까지 볼 수 있었다.

노부나가는 성을 일반인에게 공개하기 전에 "성을 방문할 때 모든 무가가 축하금으로 백 문을 준비해야 한다."라는 방을 내걸었다. 성의 '입장료'였다.

노부나가는 본성 어전 입구에서 직접 입장료를 징수하고 돈을 받아서 뒤에 던져뒀다고 한다. 입장료를 받겠다는 의도가 아니라 일종의 퍼포먼스였다고 생각된다. 노부나가는 사실 꽤 장난기가 많은 사람이었던 듯하다.

오두막도 건물이다
'동별전'

다케다 신겐은 '전국시대 최강'이라고 칭송받던 사람이다. 그러나 다케다는 '나가시노 전투'에서 노부나가에게 패배하며 천하통일 경쟁에서 탈락했다.

왜 그는 노부나가에게 뒤처졌을까? 가장 큰 요인으로 지리적 조건을 들 수 있다.

신겐의 본거지였던 가이甲斐는 교토에서 멀리 떨어진 '육지의 외딴섬'이었다. 초기의 영지는 산간부에 있어 교역이나 상업이 발달할 수 없었다. 게다가 수해가 많이 발생하는 지역으로 풍요로운 땅이라 할 수 없었다. 이로 인해 신겐은 전투를 치를 때마다 군비 충당으로 고생해야 했다. 이 때문에 좀처럼 중앙으로 세력을 확대할 수 없었다.

이 불리한 지리적 조건이 신겐을 고통스럽게 했다는 사실은 가이 지방의 세금 제도 변천사를 보면 알 수 있다.

당시 기본 과세 대상은 '농지'였다. 논이나 밭에 일정액의 세금이 매겨졌다. 보통 농지에 세금을 매기면 날씨 등의 영향으로 작황이 나쁠 때는 세금 기준을 낮췄다. 농작물의 수확량에 따라 세수가 좌우된 것이다. 그러나 땅이 척박한 가이 지방은 줄곧 작황이 좋지 않았다. 따라서 수확량에 따라 빈번하게 세금을 낮춰야 해서 충분한 세수를 확보할 수 없었다.

신겐은 고육지책으로 가옥에 세금을 매기는 '동별역棟別役'을 세수의 주축으로 삼았다. 동별역이라면 농작물의 작황과 무관하게 매년 일정한 세수를 확보할 수 있었다. 세수 증가와 안정화를 도모한 것이었다.

그런데 동별역은 농민에게 심각한 부담이 됐다. 작황이 나빠도 매년 정해진 세액을 바쳐야 했기 때문이다. 게다가 가이 지방에서는 동별역으로 징수하는 세액이 자주 올랐다.

1541년, 영주가 된 신겐은 이듬해 8월에 첫 번째 증세 정책을 펼쳤다. 구체적 증세 정책은 새로운 '동별장棟別帳' 작성이었다. 동별장이란 영내의 각 가옥과 그곳에 사는 가족에 대해 기록했던 장부를 말한다. 즉, 장부를 작성해 동별역 징수를 강화한 것이다.

세금은 호적 등 주민의 기본적인 정보 없이는 부과할 수 없다. 누구에게 얼마나 세금을 부과해야 하는지 알 수 없기 때문이다. 고대부터 존재한 호적도 징세와 징병이 목적이었다. 이와 같은 목적으로 영내 건물을 제대로 파악하기 위해 건물의 호적이라 할 수 있는 '동별장'을 만든 것이다.

동별전棟別銭은 봄과 가을에 한 동당 100문씩 징수했다. 당시 동별전의 전국 시세는 연간 10문에서 100문 사이였으니 연간 200문은 상당히 무거운 세금이었다고 할 수 있다.

초기의 동별전은 본가에만 부과됐다. 그러나 나중에는 부족한 세수를 충당하기 위해 분가도 과세 대상에 포함했다. 분가에 매겨지는 세금은 50문이었지만 신겐의 사후에는 100문이 됐다.

그리고 지금까지 과세 대상이 아니었던 오두막이나 빈집도 포함됐다. 조잡한 오두막에도 세금이 부과되는 지경에 이르렀다. 게다가 신겐은 종종 이 고액의 세금을 미리 징수하기도 했다.

1562년에는 가이 지방의 아유자와鮎沢에서 이듬해 가을에 내는 동별전 중 30전을 연말까지 납부하도록 지시했다는 기록도 남아 있다.

다른 지역에서도 가옥을 과세 대상으로 삼았으나 세수 보완을 목적으로 하는 세금에 불과했기 때문에 금액이 그다지 많지 않았다. 동별역을 주요 재원으로 삼고 증세를 반복했다는 사실로부터 가이 지방이 얼마나 가난했는지 추측할 수 있다. 거듭되는 증세로 인해 고통스러워하다 영지에서 도망치는 주민도 속출했다.

"신겐은 영지민을 사랑하는 영주였다."라는 평가도 있지만, 이는 잘못된 인식이다. 가이 지방의 경제 상황에서는 영지민을 배려할 여유 따위가 있을 수 없었다.

좁고 기다란 집을 지어라
'지구전'

교토의 오래된 거리에는 '장어의 침상'이라 불리는 좁고 세로로 긴 상가가 상당히 많다. 왜 그런 기묘한 구조를 갖게 됐을까? 이것도 세금과 관련이 있다.

고대부터 근대까지 일본의 중심은 교토였다. 전국시대 때 "교토를 손에 넣는 자가 천하를 손에 넣는다."라는 말이 있었을 만큼 중요한 장소였다. 반면 위정자에게 있어서 교토는 다스리기 힘든 곳이었다. 교토는 오래전부터 천황의 영향력 아래 있었기 때문에 무사들의 말을 귓등으로도 듣지 않았기 때문이다.

위정자들은 일본의 중심인 교토에서 어떻게든 세금을 징수하려고 머리를 굴렸다. '지구전地口銭'도 그러한 세금 중 하나다. '지구전'은 거리와 마주 닿는 평수에 따라 부과되는 세금이었다.

그 후로 교토 사람들은 세금을 아끼려고 평수가 좁은 집을 만들기 시작했다. 생활 공간을 확보하기 위해 집 구조는 자연스럽게 세로로 길어졌다. 이것이 바로 현존하는 교토의 상가 건물 중에 세로로 길쭉한 곳이 많은 이유다.

이 세금은 1558년, '미요시 나가요시'가 부과했다고 알려져 있다. 물론 그전부터 있었다는 설도 있다

이와 유사한 세금은 에도 시대에도 있었다. 에도에는 '정중진사임町中塵捨賃'이라는 쓰레기 수집세가 있었다. 거리와 맞닿아있는 집은 평수에 따라 세액이 달라졌다. 그래서 에도 일부 지역에도 '장어의 침상'과 같은 건물이 많았다고 한다.

배의 디자인을 바꾼
'출입국세'

에도 시대에 '기타마에부네北前船'라는 해상 운송선이 있었다. 오사카에서 세토 내해로 내려가 시모노세키를 거쳐서 북상해 홋카이도로 향하는 운송선이다. 한 번 출항하면 1년가량이 걸렸다.

홋카이도로 향하는 짐은 쌀, 술, 소금, 설탕, 종이, 면 등이었고 오사카로 향하는 짐은 다시마 등의 해산물이었다. 기타마에부네는 '한 번 항해할 때마다 이익이 천 냥'이라는 말이 있을 만큼 큰 수익을 올렸다. 이에 홋카이도의 마쓰마에번은 기타마에부네에 고액의 출입국세를 부과했다.

그런데 출입국세는 배 중앙부 면적에 따라 부과됐다. 보통 배는 중앙에 짐을 싣는다. 따라서 마쓰마에번은 중앙부의 넓이가 배의 크기를 나타낸다고 생각했다. 그러나 기타마에부네의 선주들은 배 구조를 바꿔 출입국세에 대항했다. 선수 크기를 키우고 중앙부를 좁게 만든 것이다. 기타마에부네의 독특한 배 모양에는 이러한 배경이 숨어 있다.

대소변까지 세금을 부과한 '분뇨세'

에도 막부는 일본 국토의 4분의 1을 점령해 300년 동안 이어졌다. 이토록 오랜 기간 집권할 수 있었던 이유는 도쿠가와 가문의 재정 능력이 뒷받침되었기 때문이다.

막부의 영향력 아래 있는 에도는 주민들에게 거의 세금을 부과하지 않았다.

1842년, 간조부교(민치, 재정, 소송 등을 다루는 관리)였던 오카모토 마사나리는 다음과 같이 말했다.

"주민들은 마땅히 토지세를 내야 한다. 그러나 에도에서는 도쿠가와 가문이 에도에 입성하며 자신의 관대함을 나타내기 위해 토지세를 걷지 않았다. 그러자 에도 주민들은 토지세를 내지 않아도 된다고 생각하게 됐고 결국 지금까지 토지세를 징수하지 못했다."

히데요시의 명으로 이에야스가 에도에 부임했을 당시, 처음에는 사람들을 모으기 위해 토지세를 걷지 않았다. 그리하여 에도 시대를 통틀어 "에도 주민들은 세금이 없다."라는 인식이 그대로 굳어진 것이다.

그러나 에도 막부도 말기에 접어들자 재정이 부족해졌다. 개국의 영향으로 외국에서 군함과 무기를 구매하고 포대도 건설해야 했기 때문이다. 지금까지와는 차원이 다른 규모의 재정이 지출되기 시작한 것이다.

그러자 막부는 새로운 재원을 찾기 위해 '어국익괘御国益掛'라는 기관을 설치했다. 어국익괘는 새로운 세금 등을 만들어 재정을 호전시키기 위한 기관이었다. 어국익괘에서는 다양한 세금 제도를 검토했다.

새로 수로를 만들어 '운상運上'이라는 통행료를 받는 것부터, 에도에 들어오는 술에 세금을 부과하는 것 등 다양한 아이디어가 나왔다.

그중 하나가 '분뇨세'다. 에도의 분뇨를 세금으로 받아 막부가 비료로 만들어 재판매한다는 계획이었다.

에도 시대에 분뇨는 자산의 일부였다. "분뇨는 집주인이 가져간다."라는 연립주택 규칙이 있을 정도로 수익성이 좋았다. 집주인은 분뇨를 업자에게 팔고, 업자는 비료로 만들어 농촌에 판매했다. 분뇨가 상당한 수익을 올린 덕분에 에도의 연립주택 집세는 비교적 저렴했다. 그런데 집주인의 몫이었던 분뇨를 막부가 가로채려 한 것이다. 그로 인해 연립주택 집세에도 영향을 미치니 서민들은 당연히 반발이 일었다.

후쿠자와 유키치의 《후쿠옹자전福翁自伝》에는 양학자의 이런 말이 실려 있다.

"정부가 업자를 무시하고 분뇨를 독점하려 한다면 이는 소위 말하는 압제 정부다. 과거에 미국 국민은 본국인 영국이 수입품인 홍차에 세금을 부과한 일에 분노하여 귀부인들은 모두 차를 마시지 않고 다과회도 즐기지 않았다고 한다. 그렇다면 우리도 미국인들처럼 일제히 변을 보지 않는 방법으로 정부를 궁지에 몰아넣도록 하자."

막부의 분뇨세에 대항하기 위해 대소변을 보지 말자는 농담이었다.

메이지 유신이 일어나면서 분뇨세는 실행되지 않았다. 그럼에도 분뇨는 1945년 무렵까지 귀중한 자산으로 여겨졌다. 현재 세이부 철도의 전신인 무사시노 철도가 도심부의 분뇨를 농촌에 수송했다. 물론 현재는 그렇게 하지 않는다.

서양 서적을 독점하겠다는 발상
'양서세'

19세기 후반, 에도 막부는 '양서세洋書稅'를 기획했다. 이는 막부가 서양 서적을 독점적으로 수입하고 세금을 부과해서 판매한다는 계획이다. "개국 후 서양 문화가 보급되면 양서의 수요가 증가한다."라고 생각해 양서를 재원으로 삼으려 한 것이다.

막부는 1867년, 미국에 사절단을 파견하며 양서를 대량으로 구매하려 했다. 수요가 늘어날 것으로 예측되는 양서를 일본에 유통하기 위해서였다. 이때 양서 매입 명령을 받은 이가 사절단의 일원이었던 후쿠자와 유키치다. 그는 당시 흔치 않은 영어 통역가로 막부에 채용됐다.

유키치는 제대로 된 교본조차 없는 상황에서 고생하며 영어를 공부했다. 그리고 "지금의 일본인에게는 서양 서적이 필요하다. 가능한 한 많은 일본인이 서양 서적을 접하고 새로운 문명을 흡수해야 한다."라고 말했다.

막부는 양서를 국민에게 널리 보급해야 하고 결코 양서를 비싸게 팔아서는 안 된다는 유키치의 생각을 도저히 받아들일 수 없었다. 결국 유키치는 동행한 막부의 어국익과 소속 관리에게 "막부의 돈벌이를 돕고 싶지 않다."라고 말했다. 당연히 막부 또한 유키치를 눈엣가시로 여겼다. 사절단은 미국 여행 중에 유키치에게 "당신 역할은 끝났으니 이제 돌아가시오."라고 말했다. 결국 사절단 귀국 후 유키치는 막부 관리직에서 해임됐다.

유키치는 메이지 유신 당시 막부의 신하가 아니었다. 만약 유키치가 막부의 신하로 메이지 유신을 맞이했다면 그 후의 활약은 어떠했을지 궁금하다. 어쨌거나 유키치는 막부 측에도 신정부 측에도 속하지 않고 온 힘을 다해 영어 학교 건립에 열정을 쏟았다. 오늘날 게이오기주쿠대학이다.

메이지 시대 초기에 마련된 '토끼세'

메이지 초기에 도쿄에서는 '토끼 키우기 붐'이 일었다. 부유층과 화류계를 중심으로 외국의 희귀한 토끼(집토끼)를 키우는 것이 엄청난 유행이었다. 메이지 초기에는 외국 문물을 귀히 여기는 풍조가 있었고 토끼 붐도 그러한 흐름의 일환이었다.

토끼 매매를 위한 집회가 각지에서 열렸고 희귀한 토끼는 높은 가격이 매겨져서 한 마리가 수백 엔(현재 화폐 가치로 환산하면 수천만 원)에 거래되기도 했다.

이윽고 '토끼 버블'까지 생겨났다. 한탕 해보려는 기회주의 업자가 급증했고 투기 목적으로 토끼를 키우는 이들도 등장했다.

흰 토끼에 색을 입힌 가짜 외국산 토끼를 판매하는 업자도 있었다. 그러나 당국에서 토끼 매매나 사육을 금지할 수는 없었다. 토끼 매매에는 외국 상인이 얽혀 있는 일이 많았는데, 당시 일본은 외국인에게 강한 규제를 가할 수 없었기 때문이었다. 토끼 매매 집회를 금지하는 정책 등도 추진했지만 비밀리에 집회가 열리는 탓에 효과가 없었고 토끼 키우기 붐은 더욱 확대됐다.

이러한 붐을 수습하기 위해 1873년, 도쿄부府는 세금을 매기기로 했다. 토끼세는 한 마리 당 월 1엔(현재의 십만 원)으로 매우 비쌌다. 또 신고하지 않고 사육하다가 적발되면 벌금으로 2엔이 부과됐다. 밀고자에게 벌금의 절반을 주는 밀고 장려 제도도 만들었다. 그러자 이러한 정책 때문에 토끼 사육을 포기하거나 도쿄를 떠나는 사람도 등장했다. 사육되던 토끼들은 안타깝게도 버려지거나 식용이 되었다.

결국 이 세금 정책이 효과를 발휘한 덕분에 토끼 붐은 잠잠해졌다. 그로부터 6년 후인 1879년, 토끼세는 완전히 폐지되었다.

자전거는 부자의 상징
'자전거세'

자전거가 부의 상징인 시절, 자전거에 세금이 부과되었다. 지금의 자동차세처럼 자전거를 보유한 사람이 세금을 내는 제도였다.

1860년, 각 지역에 따라 다르게 취급됐던 자전거세가 정식으로 도입됐다. 당시에 자전거를 보유한 이가 많지 않았기 때문에 자전거는 신분을 상징하기도 했다. 1892년의 세액은 국세가 3엔(현재의 삼십만 원)이었다. 지방의 부가세도 거의 비슷한 금액이 부과됐다. 1896년에는 국세가 폐지되어 지방세가 됐지만, 세금 부담은 변하지 않았다.

1919년에는 3엔 이상의 납세자에게 선거권이 부여됐다. 그러자 자전거를 보유하고 자전거 세를 내는 사람한테 선거권이 생겼다. 1919년부터 1926년 사이에 자전거가 급속도로 보급되기 시작했고 과세자도 늘었다. 세액도 서서히 증가해 가장 세액이 높은 지방에서는 10엔에 달했다. 일류 기업의 첫 임금이 70엔가량이던 시대니 10엔은 상당히 부담되는 금액이었다. 그러자 세금 폐지 운동이 일어났다.

그러나 전쟁의 기운이 고조되던 시기여서 전쟁 비용을 마련하느라 재정이 부족했기 때문에 세금은 폐지되지 않았다. 그만큼 자전거세는 지방자치단체 수입의 큰 부분을 차지하고 있었다.

1926년 무렵부터는 자전거세 탈세도 눈에 띄게 증가했다. 자전거는 소유자가 직접 관공서에 신고하고 납세 후에 감찰(자동차의 번호판 같은 것)을 달아야 했다. 그러나 세금을 내지 않았다고 해서 자전거를 탈 수 없었던 것은 아니었다. 그러자 자전거를 구입해도 신고나 납부를 하지 않는 자들이 증가했다. 당시 탈세 단속 기록을 보면 회사 등 조직 전체가 탈세에 가담하는 일도 많았던 듯하다.

자전거세는 1958년까지 이어졌다. 1950년대에 자동차가 보급되기 시작하면서 자전거는 서민의 필수품으로 자리 잡았다. 그러면서 자전거가 과세 대상에서 제외되었다.

전시에도 음주가무를 즐기겠다면 '유흥음식세'

전시에는 군비가 항상 부족하다. 그러다 보니 국가는 어떻게든 세수를 늘리려 했다. 그중 가장 대표적인 세금이 '유흥음식세'였다. 이는 게이샤를 불러 먹고 마실 때 부과되는 세금이며 '지방세'의 일종으로 도입됐다.

최초의 유흥음식세는 1919년 가나자와金沢시에서 도입되어 점차 전국으로 확대됐다. 이 유흥음식세는 1939년에 국가가 지방으로부터 징수하는 국세 형태로 변모했다.

중일전쟁이 계속되던 1939년, 일본은 영미 관계가 악화되고 있었다. 이에 일본은 "사치는 적이다."라는 풍조가 퍼지기 시작했다. 그리고 "이 중요한 시기에 게이샤를 불러 술집에서 놀고먹다니 태도가 불량하다."라는 목소리가 높아지자 국가도 유흥음식세를 도입할 명분이 생겼다.

세율은 게이코(무용, 음악 등으로 손님을 접대하는 여성)에게 지급하는 화대에 20%, 그 외 음식 대금에 10%가 부과됐다.

초기 유흥음식세의 면세점免稅点은 1인당 1회 5엔 이상이었다. 면세점이란 과세 기준의 일종으로 가격 등이 면세점 이하일 때는 세금이 면제됐다. 그러나 면세점은 금세 낮아졌다. 1940년에는 1인당 3엔, 1941년에는 1엔 50전이 되어 조금만 먹고 마셔도 세금을 내야 했다.

세율도 급격하게 올라갔다. 초기의 화대 20%도 상당히 높았지만 1940년에는 30%로 인상됐다. 그리고 1941년에는 100%, 1943년에는 200%, 1944년에는 300%에 달했다.

세율 300%의 경우, 1만 엔으로 먹고 마시면 3만 엔의 세금이 부과되어 총 4만 엔을 내야 했다. 이 300%라는 세율에는 벌금과 같은 의미가 있었다고 볼 수 있다.

같은 시기인 1944년, 내무성에서 "고급 향락을 멈춰라."라는 명령이 내려와 고급 요정, 게이코, 카페, 바 등은 휴업할 수밖에 없었다. 많은 게이코가 일을 쉬는 중에도 여전히 영업을 이어가는 가게를 단속하기 위해 세율을 높였던 것이다.

그러나 이렇게 높은 세금이 부과돼도 여전히 게이샤를 불러 놀고먹는 이들이 있었다. 당시에 전쟁 특수로 돈을 번 사람들이 물자 통제가 시작되어 자유롭게 물건을 살 수가 없자, 돈이 남아도는 이들이 유흥음식점을 찾았다.

1943년의 국가 조세 수입은 약 85억 엔이었고 그 가운데 유흥음식세가 7억 5천만 엔에 달했다. 즉, 조세 수입의 약 9%를 유흥음식세가 충당했다. 이는 거의 세수의 한 축을 담당했다고 봐도 무방하다.

불필요한 여행은 삼가라
'통행세'

국가는 전시 재원을 확보하기 위해 철도나 배 등의 여객 운임에 세금을 부과했다. 일명 '운임세'라 불리는 이 세금의 정식 명칭은 '통행세'였다.

통행세는 러일전쟁 때 처음 만들어졌다. 당시에 통행세는 '가혹한 세금'으로 여겨져 국민이 크게 반발했다.

통행세에는 면세 기준이 없었다. 당시에는 하천을 오가는 많은 짧은 배편이 시민의 발이 돼주고 있었다. 도쿄의 스미다가와강에 설치된 에이타이바시 다리부터 센주오하시 다리까지 가는 배편 값은 1전이라 '일전증기'라는 친근한 별명으로 불렸다. 그런데 이

일전증기까지 통행세를 매긴 것이다. 심지어 1전인 운임에 통행세가 1전 부과되어 총 2전을 내야만 했다.

결국 국민이 반대 운동을 벌여서 1912년부터 1926년 사이에는 통행세가 폐지됐다. 그런데 1926년에 접어들며 전쟁 기운이 고조되자 통행세가 다시 부활했다. 새로운 통행세는 국민의 반발을 막기 위해 면세 기준을 마련하고 50km 미만인 3등 표에는 세금을 매기지 않았다. 당시 표는 1등부터 3등까지 나뉘었고 서민 대부분은 3등 표를 샀기 때문에 통행세를 내지 않아도 되었다. 도시 전차나 시내 전차도 비과세였다.

또 새로운 운행세의 세율은 표 등급과 거리에 따라 세율이 올라가는 '누진과세'였다. 3등 80km까지는 2전, 1등 500km 이상은 1엔 80전이 부과됐다. 등급이 낮은 좌석으로 약간의 거리를 이동할 때는 세금이 면제되거나 과세액이 낮았다. 덕분에 예전의 통행세만큼 서민들의 생활을 압박하지 않았다.

그러나 전쟁이 격해지자 면세 기준은 낮아지고 세율은 올라가기 시작했다.

1940년에는 면세 기준이 40km 미만, 1944년에는 20km 미만이 됐다. 당시의 "불필요한 여행은 삼가야 한다."라는 풍조가 통행세에도 반영된 것이다.

한편 여객량은 급증했다. 식량난으로 지방에 식량을 구하러 가거나 피난을 떠나기 위해 국민이 철도를 사용하는 일이 늘어났기 때문이다. 국민은 세금이 부과돼도 어쩔 수 없이 철도를 타야만 했다.

통행세는 2차 세계대전이 끝난 후 폐지됐고 현재 교통기관에만 부과되는 세금은 존재하지 않는다. 현재는 여객 운임에 소비세가 부과된다.

이발과 파마는 사치 행위 '특별행위세'

전시에는 이발이나 파마에도 세금이 부과됐다. 이는 '특별행위세'라 불렸고 이발, 파마 외에 사진 현상, 옷 제작, 서화 표장表裝, 인쇄제본 등도 과세 대상이었다. 지금은 일상적인 행위지만 전시에 사치는 특별행위로 인식된 것이다.

특별행위세의 초기 세율은 인쇄 제본이 20%, 그 외에는 30%였다. 이발은 예외적으로 면세 기준이 설정되어 1엔 미만은 면세됐다. 당시 이발 요금은 1엔 미만이었으니 이발로 세금에 부과되는 일은 거의 없었고 파마 등이 과세 대상이었다.

전시 중에는 "사치는 적이다."라는 표어 아래 국민에게 근검절약을 강요했다. 정부 입장에서 파마는 아주 좋은 표적이었다. 파마에만 세금이 부과될 때는 그나마 나은 편이었다. 이내 전쟁의 패색이 짙어지자 면세점 기준이 내려가며 요금 80전 이상이 과세 대상이 됐다. 세율도 30~50%로 인상됐다. 이 면세 기준 인하로 이발도 과세 대상이 되고 말았다. 이발소는 세트로 제공하던 면도와 머리 감기 등의 서비스를 분리하고 80전 미만이 되도록 요금을 매겼다.

정부는 1944년에 이 특별행위세만으로 1억 1천만 엔의 세수를 벌어들였다. 유흥음식세만큼은 아니지만 상당히 비중이 큰 재원이었다.

온천에 들어가려면 '입욕세'

일본에는 온천이 많다. 소설, 영화, 드라마에도 온천이 자주 등장하며 일본 문화를 대표한다. 그러나 온천에 들어가려면 세금을 내야 한다는 사실을 알고 있는가?

온천에 들어갈 때 부과되는 세금을 '입욕세'라고 한다. 지방자치단체가 징수하는 세금으로 1인당 하루 150엔(약 1,500원)이 기준이다. 그러나 관광지는 더 많은 세금이 부과되기도 하고, 지역 주민이 당일치기로 사용하는 온천은 감세 혹은 면세되기도 한다.

온천은 에도 시대부터 세금이 부과됐고, 20세기 초기 이후에도 각지에서 지방세로 징수됐다. 전후에는 입욕세가 정리되어 온천에만 세금이 부과됐고, 1950년부터는 지방자치단체가 징수하는 세금으로 바뀌었다.

최근에는 온천을 관광 등으로 찾는 일이 많고 1박에 수천 엔부터 수만 엔짜리 숙소에 숙박하기 때문에 150엔이라는 세금을 눈치채지 못하는 이들도 많다. 그러나 료칸이나 호텔의 영수증을 자세히 보면 입욕세가 기재되어 있다.

근처 온천에 매일 방문하는 사람이나 장기간 머무르며 온천에서 요양하는 사람은 하루 150엔도 부담이 될 수 있다. 이런 경우 상황에 따라 세금을 줄여주기도 한다.

도쿄에서 숙박하려면 '숙박세'

입욕세처럼 관광객에게 부과되는 세금으로 '숙박세'가 있다. 숙박세는 이름 그대로 호텔이나 료칸에 숙박할 때 부과되는 세금으로 2002년에 도쿄도에서 최초로 도입됐다. 세액은 숙박비가 1만 엔(약 10만 원) 이상, 1만 5천 엔(약 15만 원) 미만일 경우에는 100엔(약 1,000원), 1만 5천엔 이상일 경우에는 200엔(약 2,000원)이다. 1만 엔 미만일 경우에는 면세된다.

세금은 숙박 요금에만 부과된다. 요금에 식사가 포함되는 경우 식사 비용을 제외한 비용이 과세 대상이다.

숙박세를 도입한 사람은 이시하라 신타로 도지사였다. 도입 당시에는 반대가 많았다. 당시의 돗토리현 지사가 "도쿄도에서 열리는 회의에는 출석하지 않겠다."라고 공격하기도 했다. 숙박객이 도쿄 인근 지역인 가나가와神奈川, 사이타마埼玉, 지바千葉로 유입될 가능성도 있는 염려스러운 제도였다. 그러나 숙박비 1만 엔에 부과되는 세금이 겨우 100엔에 불과해 여행객들에게 큰 부담이 되지 않았다. 현재는 이 제도가 완전히 정착되었다.

단 그만큼 세수도 크지 않다. 2021년도 예산을 보면 겨우 7억 엔이다. 도쿄도의 세수가 5조 엔(약 50억 원) 이상이니 숙박비 세수는 전체의 0.01%에 불과하다.

현재는 도쿄도를 따라서 오사카, 교토, 가나자와 등도 이 숙박세를 도입했다. 어느 지역이나 금액은 많지 않지만 조금이라도 세수를 확보하고자 하는 노력이다.

골프는 아무나 하나 '골프장 이용세'

골프를 즐기는 사람이 증가하고 있다. 요즘은 젊은이나 여성들도 골프를 많이 즐기는 편이다. 일본의 버블 시대에는 골프가 접대라는 이미지가 강했으나 최근에는 순수하게 운동으로 즐기는 사람들이 늘고 있다.

골프장을 이용할 때는 '골프장 이용세'라는 세금을 내야 한다. 세액은 골프장에 따라 다르지만 골프장 규모 등에 따라 등급이 정해져 있다. 가장 낮은 8급은 400엔(약 4,000원), 가장 높은 1급은 1,200엔(약 1만 2천 원) 정도다.

골프장 이용세는 지방자치단체의 세금이다. 세수 배분은 광역

등급	세액
1급	1,200엔(약 1만 2천 원)
2급	1,100엔(약 1만 1천 원)
3급	1,100엔(약 1만 1천 원)
4급	900엔(약 9,000원)
5급	800엔(약 8,000원)
6급	600엔(약 6,000원)
7급	500엔(약 5,000원)
8급	400엔(약 4,000원)

골프장 이용세

자치단체와 30%, 기초자치단체가 70%다. 세수 연간 총액은 약 500억 엔(약 5천억 원)이다. 지방자치단체로서는 매우 중요한 재원이다.

골프장 이용세가 부과되는 곳은 18홀 이상이다. 홀 평균 거리가 100m 이상인 시설과 홀 수가 9홀 이상이며 홀 평균 거리가 약 150m 이상인 시설이다. 좁아서 9홀밖에 없는 연습용 골프장 등은 과세 대상이 아니다. 또 만 18세 미만이나 70세 이상인 사람에게는 골프장 이용세가 부과되지 않는다.

절과 신사를 건들면 안 되지
'고도 보존 협력세'

1980년대 교토는 한 세금 때문에 소란스러웠다. 바로 '고도 보존 협력세' 때문이다.

고도 보존 협력세란 교토시가 문화재 보호 재원을 확보하기 위해 시내의 절·신사·불당 40곳의 참배객에게 부과한 세금이다. 1985년에 창설되어 참배객 1인당 1회 50엔(약 500원)을 절·신사·불당이 징수하는 구조였다.

고도 보존 협력세가 책정되자 시내의 절·신사·불당이 거세게 반발했다. 참배객이 내는 세금이라 절·신사·불당은 아무런 부담이 없었지만, 참배객에게 세금을 부과하면 절에 내는 헌납액에 영향을 미칠 가능성이 있기에 이를 우려한 것이다. '50엔은 별거 아니잖아?'라고 생각하는 사람도 있겠지만 지금까지 내지 않던 세금을 내야 한다면 누구라도 부담을 느낄 것이다.

이때까지 종교기관은 "당연히 세금이 면제되어야 한다."라는 인식이 있었다. 종교기관에 헌납하는 돈은 면세 대상이었고, 절이나 신사의 땅과 건물에 부과되는 고정 자산세도 면세였다.

종교시설은 세금을 내지 않아도 된다는 특권이 있었기에 절·신사·불당은 권리를 침해당했다고 느낀 것이다.

이후 고도 보존 협력세 도입을 두고서 재판까지 진행됐다. 대상이 된 절·신사·불당은 "고도 협력 보존세는 종교의 자유를 침해한다."라며 교토시를 제소했다. 이 재판에서는 "고도 협력 보존세는 참배자가 부담하며 상식적인 범위의 금액이기 때문에 종교의 자유를 침해하지 않는다."라는 판결이 내려졌다.

그러나 절·신사·불당 측은 맹렬히 반발했고 참배객을 거부하는 곳도 있었다. 교토시도 더는 강요할 수 없어서 고도 보존 협력세는 겨우 3년 만에 폐지되었다.

인구 좀 늘려 봅시다
'원룸세'

도요시마豊島구는 인구 문제로 골머리를 앓았다. 세대의 63%가 독신이며 30㎡ 미만의 좁은 주택(원룸 등)이 전체 주택의 40%를 차지했다. 좁은 주택이 많아서 독신이 많은 것인지, 아니면 독신이 많아서 좁은 주택이 늘어난 것인지는 알 수 없었다. 어쨌거나 도요시마구는 젊은 사람이 많아도 아이를 낳지 않아, 외국인이나 학생 등 '언제든 떠날 사람'만 사는 곳이 됐다.

도요시마구는 정착민을 늘리고 싶었다. 그러려면 독신용 주택을 줄이고 가족용 주택을 늘려야 했다. 그리하여 2004년에 '협소주거 집합주택세', 일명 '원룸세'를 창설했다.

납세 의무자는 건축주이며 30㎡ 미만의 집합주택을 건설할 경우, 한 집당 50만 엔(약 500만 원)을 부과하는 내용이다. 여덟 집 이하인 집합주택은 면세 대상이라 빌라 등은 세금이 면제될 가능성이 컸다. 필연적으로 원룸 아파트가 주요 과세 대상이었다.

그러나 이러한 정책에도 불구하고 인구 문제는 개선되지 않았다. 안타깝게도 2014년에 국가전략을 검토하는 일본창성회의에서 도쿄 23구 가운데 유일하게 '2040년에 소멸할 가능성이 있는 도시'라는 지목을 받았다. 저출산 고령화가 가속되어 지방자치를 유지할 수 없는 수준이라는 것이다.

도요시마구는 일본 유수의 번화가인 이케부쿠로池袋를 품은 도쿄의 중심지였다. 그런데 소멸 가능성이 큰 도시라니. 그 자체만으로도 매우 충격적이다. 일본의 저출산 고령화가 심각한 수준으로 진행되고 있다는 증거다.

도시에 거주하려면 '도시계획세'

도시 지역에서는 고정 자산세에 추가되는 형태로 '도시계획세'라는 게 부과된다. 이는 도시계획법으로 '시가화 구역(번영한 지역, 향후 정비가 진행되는 지역)'으로 정의된 토지나 건물에 부과되는 세금이다.

도시계획세는 명확한 목적을 지닌 '목적세'로 세수는 "공원, 도로, 하수도 등 도시계획 사업과 토지구획 사업에 충당한다."라고 되어 있다. 납세자는 토지나 건물의 소유주다. 단 임대일 경우에도 임대료에 이 세금이 포함되기 때문에 실질적으로는 도심에 사는 모든 주민이 납세자라고 볼 수 있다.

고정 자산세는 세율이 1.4%로 고정되어 있어서 지방자치단체에 따른 편차가 크지 않다. 하지만 도시계획세는 각 지방자치단체에 따라 세율이 다르다.

세율은 0.3%가 상한선으로 해당 범위 내에서 각 지방자치단체가 자유롭게 세율을 설정한다. 예를 들어 도쿄 23구의 도시계획세 세율은 0.3%이지만, 인접한 지바현 마쓰도松戸시의 세율은 0.23%이고 지바현 후나바시船橋시의 세율은 0.3%다.

후나바시시와 마쓰도시는 같은 지바현이고 도심부 접근성도 거의 유사하다. 하지만 도시계획세 세율은 상당히 다르다. 이 때문에 집세 시세는 후나바시시가 마쓰도시보다 약 10만 원 정도 비싸다.

일본의 쇠퇴가 한눈에 보인다
'소비세'

소비세는 일본 세수의 기둥이다. 유럽 국가들은 일본보다 비싼 간접세를 부과하는 곳이 많아서 '일본의 소비세는 저렴하다.'라고 생각하는 사람도 많다. 또 '소비할 때마다 모든 사람에게 공평하게 부과되니 소비세는 좋은 세금이다.'라고 생각하는 사람도 있다.

그러나 전 세계를 돌아보면 일본의 소비세가 상당히 결함이 많은 비상식적인 세금이라는 사실을 알 수 있다.

소비세는 누구에게나 같은 비율로 부과되기에 언뜻 보면 공평해보인다. 그러나 실제로는 소득이 낮은 사람일수록 부담 비율이 증가하는 '역진세'다. 소비세 계산은 '지출×소비세율(현재 일본은 10%)=소비세'이다. 소비세가 전체 수입에서 차지하는 비율을 계산하면 같은 돈을 소비했을 때 소득이 많은 사람일수록 소비세가 전체 수입에서 차지하는 비율이 줄어든다. 예를 들어 연봉이 1억 엔인 사람이 3천만 엔을 소비하고 남은 7천만 엔은 금융 자산으로 보관한다고 가정해보자. 이 사람의 수입에 대한 소비세 부담 비율은 3%가 된다(3천만×10%=300, 1억 엔 중 3백만 엔이 차지하는 비율 =3%).

한편 연봉 200만 엔인 사람은 벌어들인 돈 대부분을 소비한다면 이 사람의 수입에 대한 소비세 부담 비율은 10%에 가까워진다(200×10%=20, 200만엔 중 20만 엔이 차지하는 비율=10%).

즉, 수입에 대한 세금 부담 비율은 수입이 적은 사람일수록 높아진다. 그렇다면 이걸 소득세로 치환해서 생각해보자. 만약 연봉 1억 엔인 사람에게 3%의 소득세를 부과하고, 연봉 200만 엔인 사람에게는 10%의 소득세를 부과하면 어떤가. 누구나 '이상하다'라고 생각할 것이다. 그전에 이런 세금은 국민에게 용인되지 않는다.

그런데도 소비세는 '간접세'라는 속임수에 속아서 본질을 제대로 보지 못한다. 분명히 말하지만, 일본의 소비세는 빈곤한 사람일수록 부담이 증가하는 구조다.

간접세에는 '역진성'이라는 결함이 있다. 전 세계는 이 문제에 제대로 대응하고 있다. 특히 간접세가 높은 유럽 국가들은 생필품 세율을 매우 낮게 설정했다. 표준 간접세가 20%인 프랑스에서도 식료품은 5.5%, 의약품은 2.1%로 세율이 설정되어 있다. 식료품 등에 세금을 부과하지 않는 나라도 있다. 예를 들어 영국은 간접세가 20%지만 식료품이나 생필품은 세율이 0%다. EU 가입국은 표준 간접세가 20% 전후지만 식료품에 부과되는 세율은 절반 이하다. 하지만 일본은 식료품 세율을 겨우 2%만 감액한다.

또 유럽의 사회보장제도는 일본보다 훨씬 잘 정비되어 있으며 빈곤층에 대한 복지가 확실하다. 빈곤층만이 아니라 국민 대부분이 주택 보조금을 받기에 안정적인 생활을 누릴 수 있다. 프랑스에서는 전 세대의 23%가 국가로부터 주택 보조금을 받는다. 총액은 무려 18조 원가량이다. 영국에서도 전 세대의 18%가 주택 보조금을 받는데 총액은 무려 26조 원이다.

유럽은 빈곤층을 확실하게 보호하므로 높은 간접세를 부과할 수 있다. 한편 일본의 주택 지원은 공영 주택에 불과하며 지원받는 이들도 전 세대의 4%뿐이다. 일본 정부는 소비세를 도입할 때 "사회보장에 필요한 재원을 충당한다."라고 선전했다. 그러나 소비세가 도입되자마자 법인세와 고액 소득자의 소득세가 낮아졌고 그만큼 줄어든 세수를 소비세로 충당했다. 즉, 소비세는 실질적으로 부유층과 기업 감세를 위해 도입된 제도다.

과거 일본에는 빈곤층이 거의 없어 '1억 인구 모두 중산층'이던 시기도 있었다. 양극화 현상이 문제로 대두되기 시작한 것은 소비세 도입 이후였다. 물론 양극화 현상의 원인은 다양하지만, 소비세가 그 원인 중 하나라는 사실을 부정해서는 안 된다.

오늘날 세율은 너무 높고 세수익은 너무 낮다.
그래서 장기적으로 세수익을 올리는 가장 좋은 방법은 세율을 낮추는 것이다.
이것이 모순적이다.

존 F. 케네디

PART 4

인류를 위한 '괴상한 세금'

간혹 건강을 지키며 유해 환경에서 보호해준다는 명분으로 생필품에 높은 세금을 붙인다. 이런 세금은 정치권에서 국민을 위한다는 정책이라는 점이 강조된다. 더구나 이용자들만 내는 세금이라는 점을 부각시켜 세금의 합리성을 홍보한다. 그리고 더 높은 세율을 적용시킨다. 그렇다면 개인의 취향이나 생활의 자유는 어디서 보장받아야 할까.

노블레스 오블리주를 실천한 '부유세'

역사에 이름을 남긴 강대국은 모두 훌륭한 세금 제도를 시행하고 있었다. 기원전 8세기 무렵에 형성된 고대 그리스도 예외는 아니다.

고대 그리스에는 시민이 부담하는 일상적인 세금이 거의 없었다. 부유층에는 부과되는 세금이 있었지만, 법적 의무가 아니라 자발적으로 납부하는 기부금 형태였다. 전쟁 비용과 공적 비용 등이 발생하면 부유층의 '공공 봉사(자발적 납세)'로 충당했다.

이 공공 봉사와 관련하여 '안티도시스'라는 독특한 제도가 있었다. 이는 재산을 보유한 자에게 공공 봉사(기부)를 명령할 수 있는 제도였다. 애초에 사회가 무언의 압력을 가하기 때문에 공공 봉사는 강제에 가까웠지만, 안티도시스 제도로 법적 명령을 내릴 수도 있었다.

이 제도의 특이한 점은 명령을 내리는 사람 역시 자산가였다는 점이다. 최근 '빈부 격차'가 전 인류의 문제로 떠오르고 있지만, 고대 그리스에는 격차를 없애기 위한 구조가 이미 갖춰져 있었던 것이다.

그런데 특이한 점은 안티도시스 명령을 피할 수단도 존재했다는 것이다. 본인보다 자산이 많은데도 안티도시스를 명령을 받지 않은 사람이 있다면 그 사람을 지명할 수 있었다. 그리고 서로의 자산을 비교해 더 많은 자산을 가진 사람이 국가에 봉사하는 것이다.

A씨에게 안티도시스 명령이 내려졌다고 가정해보자. 그러면 A씨는 'B씨가 나보다 재산이 더 많은데.'라고 생각하여 B씨를 지명한다. 지명받은 B씨는 안티도시스에 응하거나 A씨와 전 재산을 교환해야 한다. 결과적으로 자산을 많이 가진 사람이 기부할 수밖에 없는 구조다. 만약 B씨가 안티도시스에도, 재산 교환에도 응하지 않는다면 재판을 진행한다.

안티도시스는 부유층에 세금을 부과하는 동시에 세금을 부과해야 하는 부유층을 밀고하는 제도이기도 했다.

어느 시대에나 요령껏 자산을 숨겨서 세금을 회피하는 이들이 있는 법이다. 고대 그리스에도 그런 약은 이들이 많았던 듯하다. 그런 약삭빠른 이를 자산가끼리 고발하게 하여 밝혀낸 것이다. 합리성을 중시하는 실로 그리스인다운 제도이다.

쌀 대신 부과한
'지방특산물세'

고대 일본에는 '조용조租庸調'라는 세금 제도가 있었다. '조용조'는 쌀(조, 租), 노역(용, 庸), 천이나 특산품(조, 調)을 세금으로 납부하는 제도다. 당나라의 세금 제도를 모방했다고 알려져 있지만, 일본이 독자적으로 많은 부분을 정비했다. 특히 각 지역의 특색에 맞게 세금을 부과했다는 점은 높이 평가받을 만하다.

조정에 바치는 세금인 '조租'는 각 지역의 특산물과 교환한 후에 운반한다. 조정도 쌀 외에 다양한 특산물을 받는 편이 유리하기 때문이다. 조달된 특산물은 지역에 따라 달랐다. 예를 들어 사가미노쿠니(현재 가나가와현 북동부 일부)는 '상포 6,500장, 사슴 가죽

20장, 사슴뿔 10개, 자초 3,700근' 등으로 종류와 양이 지역별로 정해져 있었다. 조정에 바치는 이러한 특산물은 잘 포장해서 '하찰목간(특산물 관리를 위한 조달될 장소와 물품명, 수량이 기재)'이라는 나무패를 붙였다.

전국 각지에서 천이나 특산품을 조정에 바치는 '조調'도 이와 같았다. 조의 물품 대상으로는 '비단·실·면·철·소금·해산물'이었고, 특히 섬유제품은 '세이초正調'라 불리며 매우 중히 여겼다. 섬유제품은 당시 산업 기술의 정수로 만들어졌기 때문에 돈 대신에 거래될 만큼 귀중했다.

지역 중에 기나이(교토 주변 지역)는 세이초를 다른 지역의 절반만 바쳤다. 이 지역에서 풍부하게 생산되는 소금·철·해산물 등의 '조조모쓰(대체품인 특산품 또는 현금)'를 세이초 대신 조정에 바쳤기 때문이다. 획일화된 규정으로 징수하는 대신 지역에 따라 세금의 내용을 바꾼 것이다.

이처럼 고대 일본의 세금 제도는 상당히 세세하게 정비되어 있었다. 세부 규정까지 마련되어 있었다는 점으로 미루어 볼 때 야마토 조정은 각 지방의 특산물과 인구 등을 무척 상세하게 파악하고 있었던 듯하다. 고대인 점을 감안하면 대단한 조사와 분석이다.

사회보험의 기능을 담다 '조세'

세금 징수는 결코 쉬운 일이 아니다. 아무리 국가 권력으로 압박한들 세금이 무거워지면 민중은 반항한다. 민중의 반항이 거세지면 국가 운영은 어려움에 직면한다.

그런데 일본은 민중의 반항으로 혁명이 일어난 사건이 역사상 단 한 번도 없다. 민중의 불만이 극에 달한 일이 없다는 뜻이다. 이는 세금 제도가 합리적으로 갖춰져 있었다는 사실을 의미한다. 단적으로 ‘조용조’ 제도만 보아도 알 수 있다.

조용조의 ‘조租’로 징수되는 쌀은 수확량의 3%가량으로 고대 세금 중에서 결코 높다고 할 수 없다. 구약 성경을 보면 고대 이집트의 과세율은 수확물의 20% 정도였다. 게다가 '조租'는 일부만 조정으로 보내고 대부분을 지방 관청에서 보관했다. 이렇게 관청에 보관된 쌀은 '진급(곤궁한 이들에게 쌀과 소금, 천 등을 지급하는 제도)'으로 지급됐다.

고령자나 빈곤한 이들에게는 정기적으로 지급됐고 재해나 기근 발생 시에도 지급됐다. 즉, 대부분의 조세는 지역 주민의 사회보장을 위해 사용된 것이다.

또 역병이 유행할 때는 약품이 지급됐는데 이 약을 구매할 때 조를 재원으로 사용했다.

쇼토쿠 태자는 593년에 빈민 구제를 위해 시카인四個院을 만들었다. 히덴인, 교덴인, 료뵤인, 세야쿠인으로 이루어진 이 시설은 고아나 갈 곳이 없는 노인, 빈민을 수용해 식량과 의약품을 내어주는 곳이었다. 8세기에 건립된 쇼소인正倉院에도 고묘 황후가 헌납한 약이 남아 있었다. 이러한 약은 세야쿠인에서 가난한 병자들에게 지급됐다.

이처럼 일본의 세금 제도는 예로부터 사회보장 제도와 한 묶음이었다. 물론 현대처럼 포괄적인 사회보장 제도는 아니다. 심각한 재해나 기근이 발생하면 도움이 되지 않는 경우도 많았다. 또 종종 부정을 저지르는 관리들 탓에 제 역할을 못 하기도 했다. 그러나 그 당시에도 국가가 고령자, 빈민, 재해민을 지원하는 제도를 갖추고 있었다는 사실은 주목할 만하다.

국민이 잘살아야 한다
'지조 개정'

메이지 유신 이후의 신정부는 '지조 개정地租改正'을 단행했다. 공물로 받던 세금을 금전으로 받았다.

'지조 개정은 쌀로 바치던 공물이 돈으로 바뀌었을 뿐, 농민들의 실질적인 부담은 여전하다.', '쌀을 돈으로 바꿔야 하기에 농민들에게는 더 부담이다.'라는 인식이 있었지만, 이는 잘못된 이해다. 넓은 의미에서 보면 지조 개정은 경제 성장과 국민의 삶의 질 향상에 크게 공헌했다.

먼저 금전 납세는 농민의 인센티브를 늘렸다. 에도 시대에 해마다 바치던 공물은 수확량에 따라 납세 비율이 일정했기 때문에 열심히 생산량을 늘린 만큼 공물로 바치는 양도 늘었다.

그러나 지조 개정 후에는 수확량에 따라 세액이 정해지는 방식 대신 미리 정해진 금액의 세금을 내게끔 했다. 열심히 수확량을 늘리면 그만큼 농부가 가져가는 몫이 늘어났다. 그러자 농민들의 의욕이 높아져서 생산량이 증가했다.

자주 언급되지는 않지만, 지조 개정은 '농민 해방'이라는 측면도 있다. 좀 더 자세히 말하면 일본에서는 지조 개정을 통해 세계사에서 보기 드문 대규모 농지 해방이 이루어졌다.

에도 시대까지 토지는 번주藩主나 무사가 소유했다. 번주의 토지가 번 소속 무사에게 분배됐고, 농민은 그 영지를 경작하는 존재에 불과했다. 본래대로라면 메이지 시대에도 토지는 무사의 소유였다.

그러나 1869년의 '판적봉환版籍奉還'으로 구 막부와 각 번은 신정부(조정)에 영토를 반납해야 했다. 메이지 신정부는 이 영토를 국토로 편입하고 농민에게 소유권을 부여했다. 무사 계급이 소유하던 토지를 몰수해서 농민에게 무료로 나눠준 것이다.

이는 서구의 역사관으로 볼 때 '농지 해방' 그 자체였다. 심지어 일본 전국의 토지를 농민들에게 나눠줬으니 이런 규모의 농지 해방은 세계 역사상 '지조 개정' 외에는 없을 것이다.

일본의 '농지 해방'이라고 하면 소작농에게 토지를 나눠준 2차 세계대전 이후의 농지 해방을 떠올리는 사람들이 많다. 그러나 2차 세계대전 이후의 농지 해방은 사실 그다지 규모가 크지 않았다. 당시의 소작지는 전체 농지의 46%에 불과했으며 소작농(경작지의 절반 이상이 소작지)도 농민의 절반 이하였다. 46%의 소작지를 소작농에게 분배하는 데에 그쳤으니 일본의 모든 농지를 분배한 지조 개정과 비교하면 그 규모가 훨씬 작았다.

이 지조 개정은 농민의 인센티브를 확대하고 일본의 농업을 비약적으로 발전시켰다. 실제로 1873년과 1912년을 비교하면 쌀 수확량이 2배 이상 증가했다.

당시의 프랑스 재경부 장관이자 경제학자였던 레옹 세이는 일본의 재경부 장관 마쓰카타 마사요시로부터 지조 개정에 대해 '최선의 조세 개혁이라고 극찬하며 프랑스에도 참고하고 싶으니 자세한 경위를 문서로 보내주길 바란다'고 요청했다고 한다.

양극화 방지에도 효율적인 '사치세'

일본에 소비세가 도입되면서 매우 효율적이던 '물품세(사치세)'가 폐지되었다. 물품세는 장식품, 차량, 오락 스포츠용품, 가전, TV, 악기, 카메라, 시계, 흡연 도구, 가방류, 화장품 등 사치품에 3%~30%까지 부과되었던 세금이었다.

물품세는 2차 세계대전 이후에 바로 도입되어(그전에도 원형은 존재) 국민 생활에 정착한 상태였다. 당시 국민의 소비가 상승세를 보였기 때문에 물품세가 부과되어도 국민은 그다지 압박감을 느끼지 않았던 듯하다. 사치품에 부과되는 세금은 양극화 방지에도 효과가 있었다. 사치품에 부과되는 세금은 필연적으로 고소득자가 부담했기 때문이다.

또 물품세는 징수 방법도 제대로 정비되어 있어서 징수 효과도 높았다. 과세 대상이 되는 업계가 한정적이라 세무서가 해당 업계만 제대로 감시하면 됐기 때문이다. 따라서 소비세에 비해 훨씬 효율적인 세금이었다.

물품세 세수는 2조 엔(약 20조 원)에 달했다. 소비세 도입 당시의 세수는 4조 엔(약 40억 원)대였으니 물품세를 조금만 확대하면 소비세를 만들 필요 따위는 없었다.

그런데 왜 일본은 합리적인 물품세를 폐지하고 불공평한 '소비세'를 도입했을까?

물품세 과세 대상 기준이 애매했다는 핑계를 대지만 실상은 다른 이유가 있었다.

물품세 대상 업종 관련 단체가 정치가들에게 집요하게 요구한 것이다. 물품세 대상이 되는 자동차 제조사나 가전 제조사는 일본의 주요 산업인 만큼 정치적 발언에도 힘이 있었다. 사치품 제조사는 상품에 세금이 부과되면 영업에 불리했다. 그래서 물품세 폐지를 호소하고 그 대신 모든 상품에 세금을 부과하도록 만든 것이다.

자신의 이익을 위해 모두에게 손해를 입히는 모습이 참으로 일본답다. 그래서일까. 소비세는 근래 일본의 쇠퇴를 상징하는 것 같다.

이탈리아를 위기에서 구해낸 '포르노세'

이탈리아에서는 포르노 영화, 비디오, 잡지 등 포르노 산업에 세금이 부과된다. 이는 2008년에 도입된 제도로 세율은 포르노 작품 수입에 일률적으로 25%가 부과된다.

이탈리아는 2000년대에 리먼 브라더스 사태로 큰 타격을 입어 심각한 재정 위기에 처했다. 재정 적자가 일정 수준을 넘어 EU가 시정 권고를 했을 정도였다. 이에 이탈리아는 수단과 방법을 가리지 않고 세수를 늘려야 했다. 소득세와 간접세 세율을 올리고 새로운 세목稅目을 만들었다. '포르노세'도 이러한 움직임의 일환으로 도입된 세금이다.

이탈리아는 일찍부터 포르노 산업이 발달한 나라다. 최근에는 일본에서도 성인물에 출연한 여배우가 TV에서 탤런트로 활약하는 일이 많아지고 있지만, 이탈리아는 이미 1980년대부터 그러한 풍조가 있었다. 1987년에는 포르노 배우 치치올리나(일로나 스톨러)가 국회의원이 되어 전 세계에서 화제가 되기도 했다.

포르노세가 도입됐을 당시의 이탈리아는 포르노 산업 총매출이 10억 유로(약 1조 3천억 원)에 달했다. 여기에 25%의 세금을 부과하면 꽤 많은 세수를 벌어들일 수 있었다. 이탈리아는 포르노세의 공헌으로 재정 위기에서 벗어날 수 있었다.

런던의 교통체증을 없앤 '교통체증세'

영국의 수도 런던에는 '교통체증세'라는 특이한 세금이 있다.

교통체증세는 '컨제스천 차지Congestion charge'라고 불리며 런던 일부 지역을 통행하는 자동차에 부과된다. 런던의 교통체증을 해소하고 환경 문제에 공헌한다는 목적으로 2003년에 만들어졌다.

교통체증세 대상 지역에는 표식이 걸려 있다. 그 지역에 진입하면 1일당 세금이 부과된다. 단 버스나 택시 등의 대중교통 차량은 면세이고, 전기 자동차나 오토바이 등도 비과세 대상이다.

초기 세액은 5파운드(약 8,000원)였으나 현재는 15파운드(약 2만 4천 원)다. 납세한 차량은 번호판이 당국에 등록된다. 과세 지역에는 곳곳에 차량 CCTV가 설치되어 체납 차량을 적발하는 시스템을 갖추고 있다.

그러자 2만 원이 넘는 돈을 내고 굳이 해당 지역을 통행하는 차량은 많지 않았다. 런던에 교통체증세가 도입된 후, 실제로 교통량은 15%나 감소했고 교통체증은 30%나 완화됐다.

이 세금 제도는 전 세계 대도시의 좋은 참고 사례가 되고 있다.

반려견을 키우려면 내야 한다
'견세'

개는 태곳적부터 인류의 좋은 친구다. 집을 지키거나 썰매를 끌며 인간의 생활에 도움을 주고, 때로는 반려동물로서 인간을 치유해주는 존재이기도 하다. 전 세계에서 가장 많은 수를 차지하는 동물로, 반려동물 중 3분의 1이 개라는 데이터도 있다.

그런데 반려견에게 세금을 부과하는 나라들이 있다. 독일과 네덜란드는 한 마리당 약 10만 원, 중국은 20만 원 정도의 세금을 매긴다.

견세는 안일하게 개를 키우는 행위를 방지하는 효과가 있으며 배설물 등의 처리 비용에도 사용된다. 독일은 견세 덕분인지 유기견 안락사 비율이 낮다고 한다.

중국에서는 2000년대에 경제적인 여유가 생기면서 반려견을 키우는 사람들이 갑작스럽게 늘어나는 바람에 배설물이나 개 짖는 소리 등이 사회적 문제가 됐다. 이에 상하이에서는 한때 한 마리당 60만 원에 달하는 높은 견세를 부과하기도 했다. 현재는 10만 원 정도로 감액됐다.

일본에서도 반려견에 세금이 부과되던 시기가 있었다. 1926년 무렵부터 견세가 존재했고 일부 지역에서는 1980년대까지 남아 있었다.

견세는 지방자치단체가 부과했던 지방세로 지역마다 과세 구조가 달랐다. 당시에는 사냥을 위해 키우는 개도 많아서 이러한 실용적인 개에 대한 세율은 낮았다. 반면에 반려동물인 개는 세율이 높은 경향을 보였다. 그런데 매우 특이하게도 교토부나 군마群馬현에서는 제패니즈 친에 부과되는 세율이 다른 개의 세율보다 높았다. 과거 일본에서는 상류층과 화류계에서 제패니즈 친을 키우는 것이 유행했기 때문에 높은 세금이 부과됐다고 한다. 게이샤 등이 많이 키워서 제페니즈 친은 귀엽고 세련된 개라는 이미지가 있었다. 지금은 특이한 견종이 많아진 탓에 제페니즈 친이 특별한 견종이라는 느낌은 없다.

일본의 견세는 1980년대에 폐지됐지만 지금도 다른 형태로 일부 남아 있다. 지금은 반려견을 키울 때 누구든 등록비로 3,000엔(약 3만 원)을 내야 한다. 이 등록비는 개와 관련된 다양한 사회 경비로 사용되며 법률로 정해진 의무이니만큼 세금이라 보는 게 맞다.

일본에는 이처럼 '세금이라고 규정되진 않지만, 실질적으로는 세금'인 비용이 꽤 많다. 일본방송협회 수신료도 이 경우에 해당한다.

상속세만큼 걷힌다 '담뱃세'

세금의 목적은 분명하다. 국가 재원의 확보이다. 국가 발전에는 국민의 건강도 해당하기에 몸에 해로운 것에 높은 세금을 부과해 섭취를 억제하기도 한다. 대표적인 사례가 '담뱃세'다. 담배가 몸에 해롭다는 사실은 명백하다. 그래서 담배에 높은 세금을 부과하는 나라가 많다. 이탈리아에서는 약 70%, 프랑스와 영국에서는 약 80%나 되는 높은 세금을 매긴다(출처 2021년 WHO 보고서). 일본에서도 소비세와 합해 약 62%의 세금이 부과된다.

담뱃세는 증세하기 쉬운 세금이기도 하다. '불만을 토로하는 사람이 없기 때문'이다. 담배의 해로움이 널리 알려진 탓에 담배 생산자나 JT(일본 담배 산업 주식회사) 등도 증세에 반대하기가 쉽지 않다. 그 덕분에 담뱃세는 빠른 속도로 증세가 이루어졌다.

1985년, 담배 한 개비에 부과되는 세금은 1엔(약 10원) 정도였다. 20개비들이 한 갑이면 과세액은 20엔(약 200원)가량이다. 그러나 2022년 현재는 담배 한 개비당 14엔(약 140원)이 넘는 세금이 부과된다. 즉 20개비들이 한 갑에 300엔(약 3,000원) 정도의 세금을 내야 한다. 최근 30년간 담배는 두 배 이상 가격이 올랐다.

덕분에 담뱃세 세수도 상당하다. 20년 이상 2조 엔(약 20조 원) 전후를 유지하고 있다.

이 같은 세수 2조 엔은 상속세 세수와 거의 비슷하다. 부자가 유산을 상속할 때 내는 세금과 흡연자가 내는 담뱃세는 거의 비슷하다고 보면 된다. 그만큼 흡연자가 국가에 공헌하는 존재라고 할 수 있다.

비만을 방지하는
'감자칩세'

전 세계를 둘러보면 '몸에 해로운 것에 대해 부과하는 세금'이 담뱃세 외에도 많다는 사실을 알 수 있다. 그중 하나가 헝가리의 '감자칩세'다.

유럽 중간 정도에 자리 잡은 헝가리는 미식의 나라로도 유명하다. 헝가리 사람은 아침부터 크림치즈, 버터, 달걀 등을 듬뿍 사용한 요리를 먹고 점심과 저녁에도 호화롭게 식사한다.

헝가리인은 예로부터 라드 등 기름기가 많은 식사를 선호하는 경향이 있었다. 따라서 유럽에서도 비만도가 높아 남성의 네 명 중 한 명, 여성의 다섯 명 중 한 명이 비만이다.

알다시피 비만은 다양한 병과 수명 단축의 원인이다. 그래서인지 헝가리는 심장병 비율이 높은 국가라는 조사 결과도 있다.

이러한 비만 문제를 해결하기 위해 헝가리는 2011년부터 감자칩세를 도입했다. 이 세금은 감자칩 외에도 케이크, 아이스크림 등 살찌기 쉬운 과자에 부과되었다.

세율은 과자 종류에 따라 다르며 5~20% 정도다. 감자칩은 1kg당 약 800원의 세금이 매겨진다. 이 세금 때문에 감자칩 가격이 20%나 올랐다.

헝가리 외에 루마니아와 대만도 '정크푸드세'를 도입했다. 또 현재 도입을 검토 중인 국가도 상당수 있다.

맹렬한 반대에 부딪힌 '소다세'

감자칩세처럼 비만을 방지하기 위한 세금 중 하나로 '소다세'가 있다. 소다 같은 가당 음료에 부과되는 세금이다. 소다(탄산음료)에는 설탕 등 비만으로 이어지는 물질이 많이 포함되어 있어서 세금을 부과해 소비를 줄이겠다는 의도다.

소다세는 프랑스나 멕시코 등에서 도입됐는데, 프랑스는 탄산음료 한 캔당 약 10원, 멕시코에서는 1ℓ당 약 55원을 부과하고 있다.

소다세는 어느 정도 건강 증진에 도움이 되기도 하지만 지속되기는 어려운 세금이기도 하다. 탄산음료를 즐기는 이들이 많은 만큼 산업도 거대해서 반대가 어마어마하기 때문이다. 또한 빈곤층부터 중산층까지 탄산음료를 선호하는 층이 넓으며, 특히 빈곤층에서 많이 즐기는 경향이 있다. 따라서 탄산음료에 대한 과세는 빈곤층과 중산층의 세금 부담을 늘리는 결과를 초래한다.

미국에서는 2017년 8월, 일리노이주 쿡 카운티에서 비만 대책으로 소다세를 도입했다.

세율은 300㎖당 약 100원으로 프랑스와 멕시코에 비해 세율이 높다. 그 결과 쿡 카운티의 탄산음료 소비량이 약 20% 줄었다고 한다. 그러나 이 소다세는 겨우 4개월 만에 자취를 감추고 말았다. 관련 업계에서 거세게 반대하는 바람에 폐지할 수밖에 없었다고 한다.

덴마크에서 실패한 '비만세'

과거 덴마크에는 '비만세'라는 세금이 있었다. 이는 감자칩세나 소다세처럼 건강을 고려한 세금으로 포화지방산(콜레스테롤 수치를 올리는 지방)에 부과됐다. 국민의 건강을 지킨다는 목적과 세수 확보를 위해 2011년에 도입됐다.

비만세 부과 대상은 포화지방산이 2.3% 이상 포함되는 식품이다. 세율은 포화지방산 1kg당 16크로네(약 2,200원)로 꽤 높은 편이다. 이 비만세로 인해 250g짜리 버터값이 2.2크로네(약 300원) 이상 올랐다. 게다가 버터와 우유, 피자, 기름, 고기, 사이드 디시 등 포화지방산이 포함된 모든 식품이 부과 대상이다.

비만세는 덴마크 시민의 생활에 큰 영향을 미쳤다. 세금 도입 직전에 식료품 대량 사재기 사태가 발생한 것이다. 도입 후에도 식료품 가격이 급등한 탓에 중산층 이하인 사람들이 타격을 입기도 했다. 한편에선 독일 국경과 근접한 지역의 주민들은 독일에서 물건을 사기도 했다. 덴마크는 EU 가입국으로 독일에서 물건을 구매해도 아무런 제제가 없다.

그 결과 자국의 식품산업은 타격을 받았고 독일 식품업자의 주머니만 불려주는 꼴이 되고 말았다. 세수 또한 정부의 예상보다 적었고 사람들의 평가도 나빴기 때문에 덴마크의 비만세는 겨우 1년 만에 폐지됐다.

프랑스의 소다세처럼 한 캔당 10원 정도의 세금이라면 이해할 수 있지만, 250g짜리 버터가 300원이나 비싸지면 국민도 불만을 토로할 수밖에 없다. 이런 종류의 세금은 세율이 너무 높으면 실패할 가능성이 매우 크다.

반드시 세금을 내도록 하라.
그렇지 않으면 많은 곤경에 처하게 될 수가 있다.
리처드 M. 닉슨

PART 5

알아두면 약이 되는 '위대한 세금'

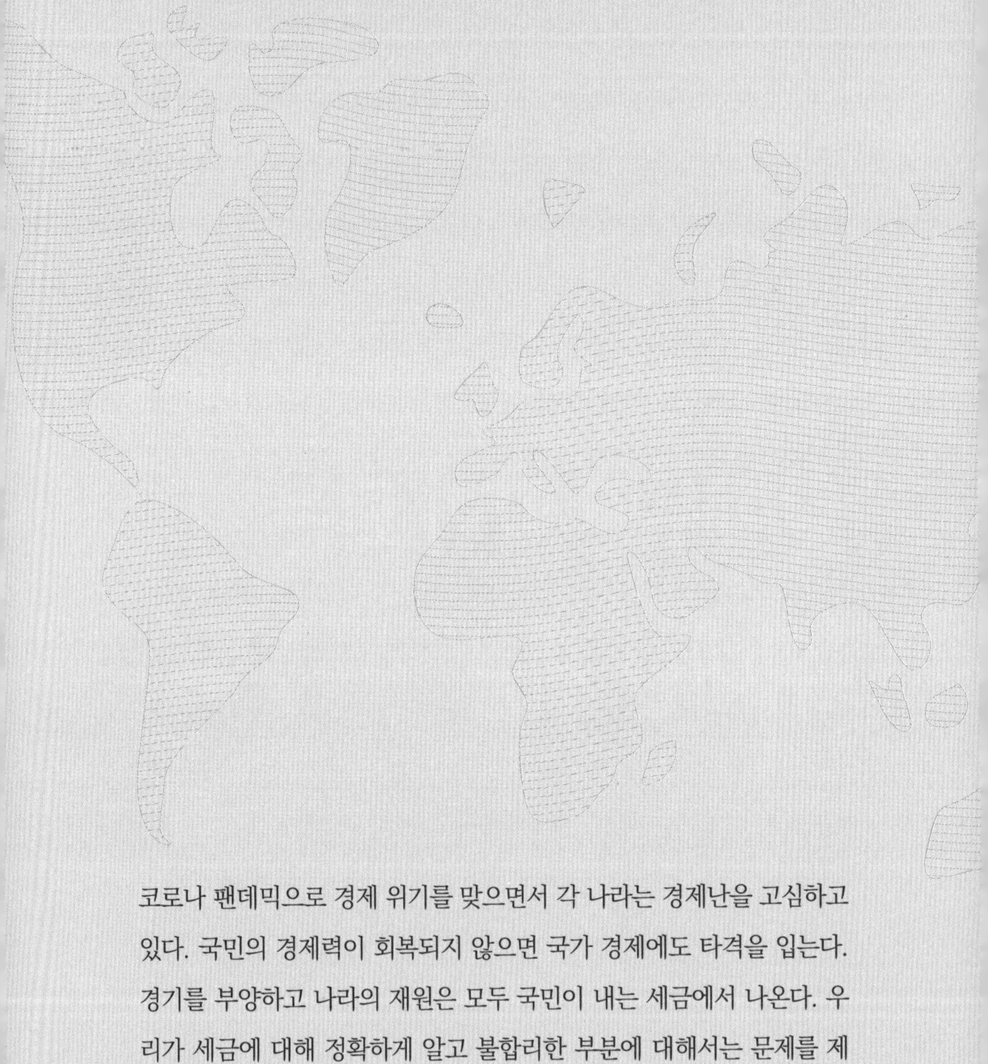

코로나 팬데믹으로 경제 위기를 맞으면서 각 나라는 경제난을 고심하고 있다. 국민의 경제력이 회복되지 않으면 국가 경제에도 타격을 입는다. 경기를 부양하고 나라의 재원은 모두 국민이 내는 세금에서 나온다. 우리가 세금에 대해 정확하게 알고 불합리한 부분에 대해서는 문제를 제기해야 한다. 한 푼이라도 더 벌기 위해 노력하면서 세금 한 푼이라도 절약하는 정신이 필요하다.

부자라면 피해 갈 수 없는 '재산세'

2차 세계대전 이전부터 일본에는 '재벌'이 존재했다. 재벌의 대단한 재력을 나타내는 좋은 예가 '구 재벌 저택'이다.

현재 도쿄에는 박물관이나 기념관 등으로 탈바꿈한 구 재벌 가문의 저택이 많다. 우에노공원 근처에 있는 '구 이와사키 저택 정원'이나 도쿄도 기타구의 '구 후루카와 정원' 등이 대표적이다. '구 이와사키 저택 정원'은 도쿄에서 가장 비싼 땅에 세워진 면적 1만 6천㎡의 대저택이다. 외국인이 설계한 서양풍 건축물로 방문객들은 그 넓이에 놀라곤 한다.

이 저택은 이와사키 가문이 소유한 저택 중 극히 일부에 불과하다. 이와사키 가문의 재산 대부분은 부동산이 아니라 주권이었다고 한다. 이는 이와사키 가문의 재력이 얼마나 어마어마했는지 엿볼 수 있는 대목이다.

그럼 어떻게 이런 거부가 탄생했을까? 다양한 이유가 있지만 세금과도 깊은 연관이 있다.

2차 세계대전 이전에는 주세 등이 세수의 큰 축이었고 법인세, 소득세, 상속세 등은 지금보다 훨씬 저렴했다. 부자는 자기 수입을 모아서 고스란히 자손에게 물려줄 수 있었으니 자산이 눈덩이처럼 불어날 수밖에 없었다.

그러나 이 재벌들도 2차 세계대전 후에는 죗값을 치르게 되었다. 많은 재벌 기업이 2차 세계대전 중에 군수 물자를 생산하며 전쟁에 협조했다. 재벌에 부가 집중되자 국민은 불만을 품었고, 이러한 불만은 전쟁으로 향했다. 전쟁이 일어나면 일시적으로나마 경기가 회복되니 서민들이 전쟁을 바라게 된 것이다. 그러한 이유로 재벌은 '중요 전범'이 됐다.

더불어 재벌들에게 '재산세'도 부과됐다. 이는 1946년에 임시로 한 번만 소유 재산에 부과됐던 세금이다. 재산세 대상은 일본 국내에 소유한 금융 자산, 부동산, 골동품 등 '돈이 될 만한 모든

재산	세율
10만 엔 이상~11만 엔 이하	25%
12만 엔 이상~13만 엔 이하	30%
13만 엔 이상~15만 엔 이하	35%
15만 엔 이상~17만 엔 이하	40%
17만 엔 이상~20만 엔 이하	45%
20만 엔 이상~30만 엔 이하	55%
30만 엔 이상~50만 엔 이하	60%
50만 엔 이상~100만 엔 이하	65%
100만 엔 이상~150만 엔 이하	70%
150만 엔 이상~300만 엔 이하	75%
300만 엔 이상~500만 엔 이하	80%
500만 엔 이상~1,500만 엔 이하	85%
1,500만 엔 이상	90%

1946년 부과된 재산세 세율

것'이었다(한반도나 대만 등 일본이 포츠담 선언으로 포기한 지역의 자산은 포함되지 않았다).

재산세의 최고 세율은 90%였다. 즉, 자산의 90%가 사라지는 것이었다. 최고 세율 대상은 1,500만 엔이 넘는 자산을 보유한 자산가였다. 당시 물가는 대략 현재의 100분의 1이었다. 자산 1,500만 엔은 현재 화폐 가치로 따지면 1천 5백억 원 정도다. ZOZO의 마에자와 유사쿠 전 사장이나 소프트뱅크 그룹의 손정의 회장 등과 비슷한 수준이라고 보면 된다.

1,500만 엔이나 되는 자산을 보유한 이들은 도쿄에 광대한 땅을 가지고 있던 재벌 가문이었으나 화족(일본 제국의 귀족 계급을 하사받은 이들)이었다. 그때 '구 이와사키 저택 정원'과 '구 후루카와 정원' 등은 재산세 과세 당시에 몰수되어 공유지가 됐다.

대규모 재벌이나 화족 외에도 재산세로 거액의 자산을 몰수당한 이들이 있었다. 제법 풍족한 자산가들도 재산세의 당혹스러운 사태에 직면했다. 당시 재산세는 100만 엔 이상의 자산에 70%라는 높은 세금을 부과했다. 100만 엔은 현재 화폐 가치로 약 10억 원이다. 따라서 웬만한 부동산을 보유한 사람들도 부과 대상이 됐다.

재산세 과세 기준은 1946년 3월 3일 시점의 소유 재산이었다. 이 세금의 초안은 1946년 1월 10일에 발표됐으나 그 전부터 재산세에 대한 소문이 퍼져 있었다. 자산가들은 세금 제도가 시행되기 전에 서둘러 부동산을 팔았다. 현금이라면 숨길 수 있지만 부동산이나 예·적금은 숨길 수가 없었다. 예·적금은 당시 동결되어 인출이 불가능했기 때문에 부동산만이라도 팔아버리기 위해 움직인 것이다.

이 시기에 임대로 살던 집의 집주인이 세입자에게 집을 구매하라고 제안하는 일이 잇달았다. 절반 이상을 세금으로 빼앗길 바에야 그보다 조금이라도 비싼 값에 파는 편이 낫다고 판단한 집주인들이 많았다. 그 덕분에 이 시기에 자기 집을 소유하게 된 이들이 많았다. 자산 대부분이 징수될 상황이었기 때문에 집주인들도 필사적일 수밖에 없었다.

매년 4월에 시작되는
'일본의 회계 연도'

현대 일본의 관청이나 학교는 4월부터 새로운 연도가 시작된다. 매년 4월에 시작해 다음 해 3월까지 회계 처리 기준으로 삼는 것이다. 대기업의 결산 기간도 마찬가지다. 이로 인해 실제로 '연'과 '회계 연도'가 달라서 문제가 생기기도 한다.

세계 표준에 맞추려면 9월에 시작해 이듬해 8월에 끝나는 서양식 연도를 따르는 편이 편리하다. 유학을 떠나는 이들은 서구 국가의 9월 신학기에 맞추느라 일본의 학년이 어정쩡해져서 어려움을 겪기도 한다. 왜 일본의 연도는 '4월에 시작되어 3월에 마무리'되는 걸까?

1869년에 관청의 사업 연도가 처음 제도화되었다. 그때는 사업 연도를 10월부터 이듬해 9월에 마감했다. 그러다 1873년부터는 1월, 1875년부터는 7월에 연도가 시작됐다. 메이지 유신 이후 8년 사이에 두 번이나 사업 연도가 바뀐 것이다. 10년 정도 7월에 시작되는 사업 연도가 유지되기도 했지만 1886년에 다시 4월 시작으로 변경되었다.

이후에는 변경되지 않고 있다. 그 결과 4월에 시작되어 3월에 마무리되는 사업 연도가 전국에 정착됐고 학교나 기업이 모두 이 연도에 맞춰졌다.

메이지 신정부가 사업 연도를 자주 바꾼 배경에는 사실 '재정 문제'가 자리 잡고 있었다.

1868년부터 1889년 사이의 일본 재정은 매우 불안정했다. '판적봉환版籍奉還'으로 일본 전체의 세금 징수 권한이 번에서 신정부로 옮겨졌지만 구 무사들에게는 여전히 녹봉을 줘야 했다. 또 하기萩의 난, 세이난西南 전쟁 등 내란까지 종종 발생한 탓에 자주 재정이 어려워졌다. 이 당시의 재정은 정말 아슬아슬한 상태였다.

신정부는 고육지책으로 재정 적자가 예상되는 연도에는 회계월을 변경해서 사태를 수습했다. 회계 결산마감월을 앞당겨서 회계 연도를 단축해 연도 후반에 발생하는 세출을 다음 연도로 넘겨버린 것이다. 그리고 다음 연도에는 세출을 삭감해 적자를 방지했다.

내락 1868년부터 1889년 사이에 세 번이나 이런 일이 발생했고 겨우 재정이 안정된 1880년대가 되어서야 연도 시작이 4월로 정착됐다. 이를 통해 당시 메이지 신정부의 재정 사정이 얼마나 위태로웠는지 알 수 있다.

청일전쟁 승리의 주역
'주세'

일본은 메이지 유신 이후 급속하게 근대화가 진행되면서 강력한 군대를 만들었고 여러 번 전쟁을 치렀다. 그런데 당시 막대한 군비 재원은 어떻게 마련이 되었을까?

의외로 재원의 큰 축은 '주세'였다. 물론 주세만으로 재원을 충당할 수는 없었다. 하지만 주세가 2차 세계대전 이전의 일본 세수를 지탱했다는 사실은 부정할 수 없다.

1875년 2월에 지조地租 외에 세금이 정비됐다. 지조만으로는 재원을 충당할 수 없었고 세수가 불안정해졌기 때문이다. 또 지조는 주로 농민들이 부담했기 때문에 불공평한 측면도 있었다. 따라서 정부는 세금 제도의 주축을 지조에서 다른 세목으로 변경했다.

에도 시대에는 해마다 바치는 공물 외에 정식 세금이 존재하지 않았다. 단 운조묘가킨(에도 시대의 영업세)이라는 명목으로 다양한 물품에 1,500~1,600종류에 이르는 '유사 세금'이 부과됐었다. 메이지 신정부는 이 유사 세금을 정비해 근대적인 세금 제도에 편입시키려 했다.

이때 세금 전반을 정비하며 주세, 담뱃세 등이 창설됐다. 이러한 새로운 세금이 1889년 이후 국가를 지탱하는 중요한 재원으로 성장했다.

특히 주세는 정부 입장에서 매우 편리한 세금이었다. 국민은 주세에 그다지 불만을 품지 않았다. 술은 국민의 삶에 필요한 물품이었지만 생필품은 아니었기 때문이다. 또 주세는 술을 마실 기회가 많은 사람(부자)일수록 거액의 세금을 부담하는 구조였다.

따라서 메이지 신정부는 재원이 부족할 때마다 주세를 증세해서 충당했다. 청일전쟁이 일어나기 12년 전인 1882년에 일본은 조선의 임오군란을 계기로 군비를 증대했다. 이때도 주로 주세를 늘려서 충당했다.

1878년에는 주세가 1석 1엔이었지만 1880년에는 1석 2엔, 1882년에는 1석 4엔으로 올랐다. 1석은 한 되짜리 병 100병 분량에 해당한다. 1882년의 술 가격은 1석 20엔 전후였으니 술값의 20%가 세금이었다. 1882년의 증세로 연간 600만 엔 이상 세수가 증가했다.

1882년부터 1895년까지의 육군 증강비는 연간 약 400만 엔, 해군 증강비는 약 300엔 정도였으며 증가한 군비는 대부분 이 주세 증세로 충당할 수 있었다. 청일전쟁 중에도 주세 외에 별다른 증세는 없었다. 이는 일본이 주세만으로 청일전쟁을 치렀다고 짐작할 수 있다.

19세기 후반부터 20세기 초까지의 일본은 청일전쟁, 러일전쟁이라는 큰 전쟁을 치르며 상당히 많은 군비를 지출했다. 그러나 군사비용을 위해 지조나 소득세를 증세하는 일은 거의 없었다. 오직 주세만 증세해서 군사비용을 충당했다.

“일본군은 주세로 유지된다.”라는 말이 있을 정도로 그 후에도 일본군은 주세로 운영됐다. 당시 20세기 초에 아키타秋田의 오마

가리大曲 세무서가 제출한 밀주 관련 경고장에는 다음과 같은 글이 적혀 있었다.

"일본에서는 20개 사단이 병사를 갖추려면 연간 8천만 엔이 필요하며 60만 톤의 해군을 유지하려면 연간 5천만 엔이 필요하다. 따라서 결국 주세 1억 엔과 설탕세 3천 2백만 엔만 있으면 육·해군을 갖추고도 남는다."

당시 주세는 1억 엔이었으며 여기에 3천 2백만 엔의 설탕세를 더한 금액만으로 육·해군이 연간 소비하는 비용을 충당할 수 있었다는 말이다. 2차 세계대전 이전의 일본 군비는 전 세계적으로도 상당한 수준이었는데 주세만으로 이를 충당할 수 있는 세수를 거둬들였던 것이다.

주세는 술을 살 때 부과되는 세금으로 서민이 일상적으로 반드시 내야 하는 세금이 아니었다. 술을 마시지 않으면 세금을 낼 필요가 없었다. 또 서민들 사이에서는 밀주를 만드는 관습이 있었으므로 주세를 피할 길도 있었다. 특히 농촌 지역에서는 자연스럽게 술을 빚었다.

주조가 금지된 것은 20세기 초반부터다. 러일전쟁을 앞둔 1898년, 세수 증가를 위해 일반 가정에서 술을 빚는 일이 금지됐다. 기존에도 술에 세금이 부과됐지만 가정에서 빚은 술도 주세만 내면 합법이었다. 물론 가정에서 만든 술을 정직하게 신고할 리가 없으니 대부분은 세금을 피해 갔다. 따라서 주세는 국민에게 그다지 큰 부담이 아니었다.

이렇게 느슨하게 징수한 세금으로 막대한 군비를 충당했으니 1880년대의 메이지 신정부는 상당히 효율이 좋은 재정 운영 방식을 택했다고 볼 수 있다.

히틀러의 세금 개혁
'원천징수'

직장인의 급여는 '원천징수'된 세금을 공제하고 실수령액만 지급된다. 소득세 외 각종 세금을 미리 공제하고 실수령액만 받게 되는 것이다. 이 제도의 원형이 '나치스'다.

히틀러는 정권을 잡자마자 대규모 세금 제도 개혁을 추진했다. 이는 대중의 세금 부담을 줄이고 기업과 부유층의 세금 부담을 늘리는 개혁이었다. 그는 대중의 지지로 정권을 잡았기 때문에 주로 대중이 선호하는 정책을 내놓았다.

부양가족이 있으면 그만큼 세금이 낮아지는 '부양공제'를 창설해서 저소득자의 세금을 대폭 줄였다. 반면, 대기업에는 6%가 넘는 배당금을 금지하고 이익을 강제로 예금하게 하는 등 사실상 증세 정책을 펼쳤다.

히틀러는 이러한 세금 제도 개혁의 일환으로 원천징수 제도를 도입했다. 과거 독일에서는 1년에 한 번 총세액을 납세했다. 그러나 한 번에 큰 금액을 준비하는 일은 납세자에게 부담이 됐다. 이에 일괄 납부가 아니라 매주, 매월 급여에서 조금씩 납부하는 제도를 만들었다. 그리고 본인이 내는 대신 회사가 미리 세금을 공제하고 급여를 지급했다.

그 덕분에 납세자의 부담이 크게 줄었고 세무 당국도 징수가 매우 쉬워졌다. 이러한 원천징수제도 자체는 예전부터 있었지만 한 가지 제도로 모든 납세를 완결시키는 제도는 나치스가 최초로 만들었다.

이후 이 제도는 세계 각국에서 사용되었는데 전쟁 중이던 일본도 1991년에 나치스를 따라서 원천징수제도와 부양공제를 도입했다. 그리고 믿기지 않을 수도 있지만, 그전에는 근로자의 급여에 소득세가 부과되지 않았다. 소득세 자체는 존재했지만 법인 소득에만 부과됐기 때문이다.

회사는 매출로 직원들에게 급여를 지급한다. 회사 매출에 이미 세금이 매겨졌기 때문에 직원의 급여에 세금을 매기면 이중과세가 된다. 따라서 2차 세계대전 이전에는 직원들의 급여에 세금을 부과해서는 안 된다고 여겼다. 그러나 전쟁이 길어지면서 전쟁 비용이 부족해지자 특별세로 직원들의 급여에 원천징수제도를 적용하기 시작했다. 원천징수의 이점을 깨달은 세무 당국은 전쟁 후에도 이 제도를 유지했다. 즉, 현대 일본의 원천징수는 전쟁 당시의 특별세가 지금도 유지되고 있는 것이다.

원천징수는 세무 당국에도 매우 편리한 제도이다. 회사가 미리 급여에서 세금을 공제하니 탈세 걱정이 없다. 게다가 급여를 지급하는 회사가 세금을 계산하기 때문에 과소 신고 걱정도 없다. 회사가 아니라 직원이 내는 세금이니 사측도 굳이 속이지 않고 정확하게 계산하기 때문이다. 또한 원천징수제도를 적용하면 징세 비용(세금을 징수하기 위한 비용)도 크게 줄어든다. 신고부터 징세까지 전부 회사에서 처리하니 세무서는 오류만 확인하면 그만이었다.

그렇지만 직원 편에서는 본인이 얼마나 세금을 내는지 확인하기 어렵다는 폐해가 있다. 최종적인 수령액만 확인하기 때문에 만약 수령액이 적어도 세금을 많이 낸 탓인지 급여가 적은 탓인지 쉽게 분간할 수 없다. 따라서 약간 세금을 늘린다 해도 직원 입장에서는 눈치채기가 어렵다. 즉, 원천징수제도를 적용하면 징세와 증세가 모두 쉬워진다.

전 세계적으로 볼 때 상당히 많은 세금과 사회보험료를 내고 있음에도 회사원들은 그다지 불만을 토로하지 않는다. 아마도 자신이 내는 세금과 사회보험료를 제대로 알지 못하기 때문일 수 있다. 그러나 세금이나 사회보험료는 분명히 회사원들에게 부담으로 작용한다. 이는 근래 일본의 저조한 소비를 보면 알 수 있다.

자신들도 모르는 사이에 증세가 이루어지고 국민들의 생활은 아주 조금씩 고단해졌다. 이렇듯 원천징수는 무시무시한 요소를 잔뜩 숨기고 있는 제도다.

탈세를 막아라
'국세국 사찰부'

일명 마루사라 불리는 일본 국세국 사찰부는 이타미 주조 감독의 영화 〈마루사의 여자〉로 유명해졌다. '마루사'는 탈세 적발을 전담하는 국세국 사찰부의 별명이다. 사찰부의 '사査'에 동그라미(동그라미는 일본어로 마루丸이다_옮긴이)를 치는 표기에서 따왔다고 알려져 있다. 이 마루사는 어쩌다 탄생하게 됐을까?

2차 세계대전이 끝난 후 가장 많았던 탈세 수법은 '밀조주 판매'였다. 술을 제조하려면 면허가 필요했기 때문에 술을 만든 시점부터 탈세로 취급됐다. 2차 세계대전 이전에는 술이 매우 비싸서 집에서 마실 술은 일반 가정에서 만들었다. 이런 소규모 탈세는 당국도 그다지 신경을 쓰지 않았다.

그러나 2차 세계대전이 끝난 후 혼란기로 접어들자 대규모 밀주 제조업자가 증가했다. 애초에 술은 비싸서 구매가 어려운 데다 주조 면허를 보유한 업자들도 전쟁으로 피해를 입어 제조량이 줄어든 탓에 공급량이 부족했다. 이에 술을 몰래 만들어 파는 자들이 대거 등장했다. 밀조주 제조업자들은 규모도 크고 악질적이었다. 그중에는 마을 전체가 밀주를 제조한 지역도 있었다.

2차 세계대전 이전의 일본에서는 주세가 세수의 주축이었다. 그러나 밀조주의 폐해는 세수 감소에서 그치지 않았다. 당시에는 술의 원료인 쌀이나 보리 자체가 부족했다. 따라서 밀조주 제조업자가 늘어나자 식량문제가 발생했다. 또 밀조주 중에는 공업용 알코올이나 메틸알코올 등을 사용한 조악한 술도 많아서 건강을 해치는 이들이 적지 않았다. 정부는 세수 확보만이 아니라 사회문제를 해결하기 위해서라도 밀조주 제조업자를 적발해야만 했다.

탈세자들은 좀처럼 당국의 지시를 따르려 하지 않았다. 그 탓에 밀조주 제조업자 단속은 매우 어려웠다. 단속하러 온 세무서 직원이 폭행당하는 일이 다반사였으나 경찰에 협조를 요청하는 데에도 한계가 있었다. 이에 당국은 밀조주 제조 적발을 위한 전담 부서를 창설하기에 이르렀다. 이때 국세국에 마련된 국세 범칙 감시과国税犯則監視課가 마루사의 기원이다. 마을 단위로 밀조주 제조하던 지역은 '특정집단 밀조지역'으로 지정해 단속을 강화했다.

2차 세계대전 이후의 혼란기를 호령하던 밀조주 제조업자들은 식량 사정과 사회가 안정되자 자취를 감췄다. 현재는 술을 몰래 제조하기보다 구매하는 편이 훨씬 저렴하다 보니 주세를 피해 밀조주를 제조하는 이들은 찾아볼 수 없다.

세금 피할 길을 알고 있는 '맥주 업계'

맥주는 매우 비싼 세금이 부과되는 상품이다. 350㎖ 한 캔에 약 77엔(약 770원)의 세금이 부과된다. 350㎖ 한 캔은 230엔(약 2,300원) 정도니 30% 이상의 고세율 상품인 셈이다. 이는 맥주가 고급 양주로 여겨지던 시대의 세금 제도를 계승했기 때문이다.

맥주보다 20~30% 정도 저렴한 발포주와의 가격 차이도 세금 때문이다. 발포주 세율은 맥주보다 훨씬 낮아 350㎖에 부과되는 세금은 약 47엔(약 470원)이다. 따라서 발포주는 저렴하게 판매했다. 따라서 1990년대부터 맥주 제조사는 잇달아 맥주와 유사한 발포주를 제조해 세무 당국의 골치가 되었다.

사실 맥주에 높은 세율이 부과된 것은 어제오늘 이야기가 아니다. 그리고 발포주는 예전부터 세율이 낮았다. 그런데 왜 맥주 제조사들은 '1990년'부터 갑자기 발포주를 판매하기 시작했을까? 여기에는 크래프트 맥주의 등장이 영향을 미쳤다고 여겨진다.

이때까지 맥주 업계는 대기업 네 곳이 과점 중이었다. 사실상 맥주 면허를 새로 취득하는 일은 불가능했기 때문에 맥주 업계는 다른 기업이 시장을 개척할 여지가 전혀 없는 상태였다. 높은 세율에도 대기업 네 곳이 세무 당국을 따랐던 이유는 맥주 제조 면허에 대한 규제가 시장을 지켜줬기 때문이다.

그러나 1995년에 맥주 제조 면허 규제가 완화되자 '크래프트 맥주'라고 불리는 신흥 강자들이 등장했다. 맥주 업계를 지켜주는 규제가 사라져버린 것이다. 대형 맥주 제조사들은 더 이상 세무 당국을 따를 이유가 없어졌다. 이에 지금까지 '반칙'으로 여겨지던 발포주 판매를 단행했다.

세무 당국도 손 놓고 보고만 있지 않았다. 몇 번이고 법을 개정해서 빠져나갈 구멍을 없애려 했다. 그러나 맥주 업계 역시 개정된 법을 피해 가는 상품을 개발하며 치열한 공방이 이어졌다. 결국 더 이상 공방을 이어갈 이유가 없다고 느낀 세무 당국이 먼저 두 손을 들었다.

2026년에는 발포주와 맥주 세율이 통합되어 350㎖당 약 54엔(약 540원)으로 바뀐다고 한다. 맥주는 상당히 세율이 낮아지고 발포주 세율은 조금 높아지는 것이다. 앞으로는 주류매장의 모습이 많이 달라질 듯하다.

값비싼 초고층 아파트가
'절세 포인트'

초고층 아파트의 인기는 하늘을 찌른다. 1억 엔(약 10억 원) 이상의 아파트가 순식간에 팔린다. 이 현상은 세금과 관련 있다. 초고층 아파트의 높은 층은 세금이 싸다는 말을 들어본 적 있는가? 알고 보면 초고층 아파트는 부유층의 절세 아이템이다.

부동산을 소유하면 매년 자산세가 부과된다. 표준 세율은 토지나 건물 평가액의 1.4%다. 단 서민의 생활비를 압박하지 않도록 좁은 주택지에는 대폭 할인을 적용하는 특례 제도가 있다. 좁은 주택용지(200㎡ 이하)의 고정 자산세는 6분의 1이다. 예를 들어 교외의 땅 600㎡를 2천만 엔(약 2억 원)으로 사들여 집을 지었다면 이 토지는 200㎡가 넘기 때문에 1.4%의 고정 자산세를 내야 한다.

도심 한가운데 지어진 아파트의 50㎡짜리 부동산을 2억 엔(약 20억 원)으로 구매하면 어떨까? 땅값은 1억 엔(약 10억 원)이지만 집 면적은 50㎡에 불과하다. 따라서 고정 자산세가 6분의 1이 된다.

고정 자산세 할인 제도의 조건은 면적이다. 가격은 고려 대상이 아니다. 그러니 아무리 도심의 노른자 땅에 지어진 아파트라도 면적이 200㎡ 이하면 교외의 넓은 땅보다 세율이 낮아진다.

또 아파트의 고정 자산세 대상이 되는 '토지 소유 면적'은 소유한 부동산의 부지 면적이 아니라 아파트 전체 부지를 총 세대수로 나눈 면적이다. 200㎡ 이상의 고급 부동산이라 해도 아파트 부지 면적이 6,000㎡, 총 100세대라면 토지 소유 면적은 60㎡로 취급된다. 세대수가 많은 고층 아파트는 실제보다 훨씬 면적이 줄어든다. 토지 소유 면적이 200㎡를 넘는 일은 거의 없다. 그래서 대부분의 초고층 아파트는 토지 고정 자산세가 6분의 1이다.

과거 초고층 아파트는 층수에 상관없이 면적이 같으면 고정 자산세 평가액도 같았다. 낮은 층과 높은 층의 매매가격은 전혀 달랐지만, 높은 층의 비싼 집을 사도 낮은 층과 평가액이 같으니 차액을 절세할 수 있었다. 당국도 이 점을 깨달아 2017년에는 고정 자산세 평가액을 개정했다. 20층 이상인 아파트의 고층은 층이 올라갈수록 평가액이 높아지도록 설정했다. 1층과 최고층의 세율 차이는 최대 십몇 %가량 됐다.

그런데 이 개정이 오히려 '초고층 아파트 절세'를 유리하게 만들었다. 부동산 시장에서 높은 층과 낮은 층의 가격 차이는 십몇 %가 아니다. 아파트에 따라서는 가격이 2배 이상 차이가 난다. 그런데 고정 자산세 평가액은 십몇 %밖에 차이가 나지 않으니 새로운 고정 자산세가 적용되어도 절세된다. 이 새로운 과세 방식은 2017년 4월 이후에 지어진 아파트부터 적용되고 있다. 그 이전에 지어진 초고층 아파트를 구매하면 예전과 같은 절세 효과를 누릴 수 있다는 뜻이다.

그리고 고정 자산세 금액은 상속세와 연동된다. 상속세 자산 평가액은 본래 시가가 기본이지만 부동산은 고정 자산세 금액으로 신고해도 된다는 특례가 있다. 초고층 아파트의 고층 땅값도 시가보다 훨씬 낮은 가격으로 신고할 수 있다는 말이다. 다만 이 절세 방법에는 함정이 있다. 상속세 평가액을 고정 자산세 평가액으로 신고해도 된다는 특례는 편의상 적용될 뿐이며 원칙적으로는 시가로 환산해야 한다. 따라서 고정 자산세를 기준으로 신고해도 시가와 차이가 크면 세무서가 수정할 가능성이 있다.

세무 당국은 초고층 아파트를 이용한 절세에 대해 명백한 절세 목적 구매로 밝혀지면 추징금을 부과하고 있다. 그러나 상속세와 연동된다는 점을 빼고 봐도 초고층 아파트의 고층이 절세에 유리하다는 사실은 변하지 않는다. 당분간은 초고층 아파트 열풍이 식지 않을 듯하다.

사기로 번 돈에 부과되는 '추징금'

사기죄로 체포된 사람이 그 직후에 탈세로 기소되어 추징금이 부과되는 경우가 많다. 이 추징금은 사기로 얻은 이익에 부과되는 세금이다.

범죄로 얻은 이익에도 세금이 부과된다는 사실이 조금 이상하지 않은가? 범죄 수익에도 세금이 부과된다면 절도나 불법 약물 판매 수익에도 세금이 부과될까?

답은 YES다. 세금법에서는 특별한 규정이 없는 한 모든 수익에 세금을 부과한다. 그러니 범죄 수익에도 세금이 매겨진다.

그러나 사기 등의 경제사범은 벌어들인 돈 대부분을 벌금으로 내야 한다. 게다가 그 벌금은 경비 등으로 공제할 수도 없다. 벌금은 제외하고 벌어들인 돈만 수익으로 계산한다. 즉, 사기 등으로 돈을 번 사람이 모든 수익을 벌금으로 낸다 해도 세법상 벌어들인 금액 전체에 세금이 부과된다. 나쁜 짓을 하면 그만큼 벌을 받는 법이다.

범죄 수익은 은닉하는 경우가 많아 발각되지 않는 한 세금을 징수하기 어렵다. 그러나 일단 발각되기만 하면 엄청난 돈을 토해내야 한다.

디지털로 전환되며 모습을 감춘 '인지세'

'인지세'는 일정 이상의 금액이 기재된 영수증이나 계약서 등에 부과되는 세금이다. 구매한 인지를 영수증이나 계약서 등에 붙여서 납세한다.

영수증의 인지세는 영수 금액이 5만 엔(약 50만 원) 미만이면 비과세다. 5만 엔 이상 100만 엔(약 1천만 원) 이하일 경우 200엔(약 2,000원)짜리, 100만 엔 이상 200만 엔(약 2천만 원) 이하일 경우에는 400엔(약 4,000원)짜리 인지를 붙이는 방식으로 금액에 따라 인지세가 단계적으로 올라간다. 인지세 최고액은 20만 엔(약 2백만 원)으로 영수 금액이 10억 엔(약 100억 원)을 넘을 때 납세한다.

가게 등에서 받는 영수증도 인지세 대상이다. 그러나 백화점 등에서 5만 엔(약 50만 원) 이상 물건을 사도 영수증에 인지가 붙어 있는 경우는 거의 없다. 왜냐하면 인지세는 영수증 발행자 측이 납세하기 때문이다. 점포는 인지세가 부과되는 영수증 매수를 한 달마다 세무서에 신고하며 이를 바탕으로 총세액이 정해진다. 그러다 보니 일상생활 속에서 인지를 볼 일은 거의 없다.

2021년 현재 인지세 세수는 1조 엔(약 10조 원) 정도다. 그러나 향후 인지세 세수는 점차 줄어들 것으로 예상된다. 문서의 전자화가 진행되면서 인지세 과세 대상이 되는 문서가 점점 줄어들고 있기 때문이다. 인지세는 영수증이나 계약서 등 '종이로 발행한 경우'에만 부과된다. 구두 계약이나 전자 문서로 거래되면 과세 대상에서 제외된다.

최근 일본에서는 국가 차원에서 디지털화를 추진하고 있고, 정부는 도장을 폐지하고 전자 서명을 보급하기 위해 노력 중이다. 확정신고를 할 때 영수증 등의 증표 종류는 종이가 아니라 디지털 데이터로 보관한 것을 제출해도 된다. 게다가 전자 결제가 보급되어 영수증을 받는 습관도 사라지고 있다. 조만간 인지세는 유명무실해질지도 모른다.

세금을 내지 않고
'쇼핑하는 법'

일본에 거주하는 한 모두가 '소비세'를 내야 한다. 상품이나 서비스를 구매할 때 점포 측에서 징수하기 때문에 소비자가 피할 길은 없다. 아무것도 사지 않고 생활할 수 없기에 싫어도 내야만 하는 게 소비세다.

결코 피할 수 없을 듯한 소비세지만 사실 몇 가지 피할 방법이 있긴 하다.

소비세를 내지 않고 물건을 사는 가장 간단한 방법은 해외에서 직접 구매하는 방식이다. 최근에는 인터넷이 발달해 해외에서 쉽게 물건을 구매할 수 있게 됐다. 실제로 자신도 모르는 사이에 해외에서 물건을 구매하는 일도 많다. 인터넷에서 판매되는 그림이나 사진 등은 해외 사이트에서 판매하는 경우가 많다. 나도 모르는 사이에 해외 사이트에서 물건을 구매하고 있는 것이다.

본래 수입품에는 소비세와 관세가 부과된다. 이는 해외 사이트에서 물건을 구매했을 때도 똑같이 적용된다. 그러나 개인이 자기 자신을 위해 구매할 경우(판매용이 아닐 경우), 1회 거래 금액이 1만 6,666엔(약 17만 원) 이내라면 소비세와 관세가 면제된다.

개인 수입은 1회 거래가 1만 엔(약 10만 원) 이내일 경우, 소비세와 관세가 면제된다는 규정이 있다. 그리고 해당 수입품 구매가격의 60%가 수입품의 1회 거래 가격으로 판정된다. 즉, 1만 6,666엔의 60%는 1만 엔 이내이기 때문에 소비세와 관세를 낼 필요가 없다.

해외여행을 가도 소비세를 내지 않고 쇼핑을 할 수 있다. 해외여행 중에 현지에서 구매한 물건에는 기본적으로 일본의 세금이 부과되지 않는다. 단 해외 면세품이라도 총 20만 엔(약 200만 원) 이상을 구매해서 들여오면 소비세가 부과된다. 반대로 말하면 20만 엔 이내 범위라면 소비세를 내지 않아도 된다는 뜻이다. 또 해외 공항에서 판매하는 물건은 일본 상품의 소비세를 제외하고 구매할 수 있다. 모두 알다시피 국제공항에서 출국 심사 절차를 통과하면 다양한 면세점이 기다리고 있다. 그곳에서 쇼핑하면 소비세를 내지 않아도 된다.

왜 출국 심사를 거친 후에는 세금에 면제될까? 그것은 바로 소비세가 국내에서 소비되는(사용되는) 물건에 부과되는 세금이기 때문이다. 출국 심사를 거치면 해외에 사용한다는 사실이 증명되니 자연스럽게 소비세는 면제된다. 단 일본 공항에서 구매한 면세품을 일본에 가지고 들어올 때는 해외 면세품과 똑같이 취급한다. 따라서 일본 공항에서 20만 엔이 넘는 물건을 사서 귀국하면 소비세가 부과된다.

해외여행 중에 산 물건은 일본 공항이든 해외에서 산 물건이든 20만 엔이 넘으면 소비세가 부과된다. 그러나 사실 20만 엔 이상의 면세품도 소비세를 내지 않는 방법이 있다.

면세품을 가지고 귀국할 때는 "한 종류의 상품 금액 합계가 1만 엔 이하일 경우에는 세금이 부과되지 않는다."라는 규정이 존재한다. 이는 상품 하나의 가격이 1만 엔 이하라는 말이 아니라 한 가지 상품의 합계 금액이 1만 엔 이하라는 말이다. 1,000엔짜리 초콜릿이 10개면 1만 엔 이하이니 소비세가 부과되지 않는다.

1,000엔짜리 초콜릿이 11개면 1만 엔이 넘으니 소비세가 부과된다. 1,000엔짜리 초콜릿 10개, 1,000엔짜리 사탕이 1개일 경우 합계 금액은 1만 엔이 넘지만 각 품목이 1만 엔 이하이기 때문에 소비세가 부과되지 않는다. 한 품목당 합계 금액이 1만엔 이하라면 아무리 물건을 많이 사도 세금이 면제된다는 뜻이다.

이 구조를 잘 활용하면 합계 금액이 50만 엔(약 500만 원)이든 100만 엔(약 1천만 원)이든 세금을 내지 않아도 된다. 쇼핑을 잔뜩 해도 소비세를 내지 않고 일본에 들여올 수 있다는 말이다. 단 상업용 매입 상품은 대상에서 제외된다. 해외 상품을 저렴하게 구매해서 일본에서 판매할 때는 소비세와 관세가 부과된다. 어디까지나 '개인적으로 사용할 물건'만 면세로 들여올 수 있다는 점을 잊어서는 안 된다.

지역에 따라 다른 '주민세'

일본에 거주하며 일정한 수입이 있는 사람은 누구나 주민세를 낸다. 전국의 세액이 같을 것으로 생각하는 사람도 많지만 실은 약간씩 다르다.

주민세 과세 방법은 '균등할均等割'과 '소득할所得割'로 나눠진다. 이 두 세액의 합이 납세액이다.

균등할은 일정 이상의 소득이 있는 사람에게 같은 금액을 부과하는 방법이다. 원칙적으로 생활보호대상자 외에 모든 사람이 내야 한다. 표준세액은 기초자치단체세 3,500엔(약 3만 5천 원), 광역자치단체세 1,500엔(약 1만 5천 엔)이지만 자치단체에 따라 약간

씩 차이가 있다. 예를 들어 미야기宮城현은 현민세 균등할이 2,700엔(약 2만 7천 원)이다. 이는 표준세율 1,500엔에 '미야기 환경세' 1,200엔(약 1만 2천 원)을 합한 숫자다. 삼림 및 해양환경 보전 등을 위해 2011년부터 도입됐다.

소득할은 소득에 세율을 곱해서 산출한다. 표준세율은 기초자치단체세 6%, 광역자치단체세 4%로 총 10%다. 소득할도 자치단체에 따라 차이가 있다. 예를 들어 가나가와현은 2017년부터 2021년까지 소득할이 4.025%로 표준세율보다 높게 설정되어 있었다. 또 나고야는 2017년까지 5.7%로 낮은 편이었다(2022년 현재는 7.7%).

참고로 국민건강보험은 자치단체에 따라 더 큰 차이가 있다. 국민건강보험이란 자영업자나 연금 수령자 등이 가입하는 건강보험이다. 이 보험료는 세대, 개인, 수입 등 기초자치단체에 따라 부과 기준이 전혀 다르다. 연간 몇만 엔 단위의 차이가 발생하기도 한다.

이처럼 거주 지역에 따라 부담하는 세금, 사회보험료가 크게 달라진다. 이사할 때는 이런 점도 고려하면 좋을 듯하다.

결코 세금을 많이 내지 않는 부유층

일본의 부자는 전 세계에서 세금을 가장 많이 낸다는 말이 있다. 인터넷에도 "일본의 부유층은 세계에서 가장 많은 소득세를 낸다."라는 글이 자주 올라온다. 그러나 이건 가짜 뉴스이다.

일본의 소득세 최고 세율은 45%로 선진국 중에는 최고 수준이다. 이것만 보면 일본의 부자가 세금을 많이 내는 것처럼 보인다. 하지만 일본의 소득세에는 다양한 허점이 있다. 명목 세율은 높아도 실질적으로 부담하는 세율은 놀랄 만큼 낮은 것이다. 그러니 일본의 부유층은 오히려 선진국 중에서 가장 세금을 적게 낸다고 봐야 한다.

	미국	일본
소득세율 (최고 세율)	37%	45%
소득세율 (2021년도 예산)	1조 7,050억 달러 (약 2,000조 원)	18.7조 엔 (약 187조 원)

1946년 부과된 재산세 세율

미국과 비교하면 일본의 부유층이 얼마나 세금을 적게 내는지 알 수 있다.

부유층의 최고 세율만 보면 일본은 45%, 미국은 37%로 일본이 8%나 높다. 그러나 실제로 납세하는 세액은 어떨까? 2021년도 예산에서 일본의 소득세 세수가 차지하는 금액은 18.7조 엔(약 187조 원)이다. 한편 미국의 소득세 세수는 약 2,000조 원이다. 일본의 소득세 세수는 미국의 10분의 1 이하에 불과하다. 다른 선진국과 비교해도 결과는 같다.

미국, 영국, 프랑스 등은 모두 소득세 세수가 GDP의 10% 전후다. 그러나 일본은 6%가량에 그친다. 소득세 세수가 다른 선진국의 절반인 상황이다.

선진국에서는 대부분의 소득세 세수를 부유층이 부담한다. 결국 소득세 세수가 적다는 말은 부유층의 세금 부담이 너무 적다는 뜻이다. 이 사실만으로 일본의 부유층이 부담하는 세금에 얼마나 허점이 많은지 알 수 있다.

세율은 높은데 세액이 낮은 이유는 일본의 배당소득(주식 배당금 등의 소득) 초우대 세금 제도 때문이다. 배당소득은 아무리 수입이 많아도 소득세, 주민세를 합해 일률적으로 약 20%가 부과된다. 20%는 평균적인 회사원에게 부과되는 세율과 거의 같다.

이 제도는 배당소득을 우대해서 경제 활성화를 도모하고자 했던 고이즈미 내각 시절의 경제 정책이었다. 부유층 중에는 보유 주식의 배당금으로 수입을 얻는 사람이 많다. 즉 부유층 대다수가 이 우대 세금 제도의 혜택을 받고 있는 것이다.

또 배당 소득자만이 아니라 '경영자', '개원의', '지주' 등 부유층의 주된 직업이 내는 세금에는 대부분 큰 허점이 존재한다. 따라서 명목대로 비싼 세금을 내는 부유층은 거의 없다.

국회에 제출된 자료에 따르면 일본의 실질 세금 부담률은 소득이 1억 엔(약 10억 원)이 될 때까지 세율이 오르지만 1억 엔을 넘으면 급격하게 세율이 내려간다고 한다.

epilogue

세금의 덫에 갇히지 말자

일본에서는 최근 20~30년 사이 세금 및 사회보험료 부담이 급격하게 증가했다. 소비세 증세, 사회보험료의 단계적 인상, 개호介護(돌봄) 보험 창설 등이 그 원인이다. 일반 회사원의 소득으로 환산해보면 모든 세금 부담률이 수입의 40%에 달한다. 이는 에도 시대에 해마다 바치던 공물보다 무거운 세금이다. 그러나 일본 국민은 그다지 불만을 품지 않고 비싼 세금을 낸다.

서구 국가에서는 있을 수 없는 일이다. 프랑스에서는 2019년에 경유세를 1ℓ당 100원가량 증세했다. 이에 불만을 품은 국민이 전국에서 폭동을 일으켜 증세가 철회됐다. 서구 국가들은 시민 혁명으로 '민주주의 사회'를 만들었다. 따라서 세금도 자신들이 직접 책정하는 문화가 정착됐다. 더불어 세금 징수 방법과 사용처도 엄격하게 감시된다.

일본은 민주주의 사회를 시민 혁명으로 이끌어내지 못했다. 그런 탓에 아직 민주주의를 제대로 활용하지 못하는 듯하다. 적극적으로 정치에 참여하는 문화도 없고 세금에 관심을 보이는 사람도 적다. 이건 매우 위험한 사회적 풍조다. 민주주의 시스템은 국민이 정치가와 관료를 엄격한 눈으로 감시할 때 제대로 작동한다. 그중에서도 재정은 가장 중요한 부분이기에 국민이 세금을 제대로 감시하지 않으면 국가는 산으로 간다.

현재 일본의 중대한 사회문제는 '저출산 고령화'이다. 하지만 서구는 1970년대부터 저출산 고령화가 시작되었다. 당시 출생률은 일본보다 서구 국가들이 훨씬 낮았다. 이에 저출산 고령화 대책을 세웠고 그 덕분에 출생률을 유지할 수 있었다.

그러나 일본은 저출산 고령화 경향이 두드러져도 아직 아무런 대책이 없다. 이미 일본은 '노인 대국'이 되어버렸다. 이 사태의 원인은 일본 국민이 정치가와 관료들을 엄격하게 감시하지 못한 탓이다. 예를 들어 소비세는 육아 중인 세대에 직격탄을 날리는 세금이다. 아이를 키울 때 인생에서 가장 많은 돈을 쓰기 때문이다. 육아 중인 세대=20대 후반~30대, 40대들은 그다지 수입이 많지 않음에도 육아로 인해 지출이 늘어난다. 출산율을 올리려면 아이를 키우기 좋은 환경을 만들어야 한다. 서구 국가들처럼 육아 세대가 부담을 느끼지 않도록 세금을 줄이고 여러 방면의 지원을 제공해야 한다.

그러나 일본은 겨우 세금을 2% 줄인 게 끝이다. 게다가 어린이집 입소 대기 아동 문제와 대학 학비 급등 문제를 오랜 기간 방치하는 등 육아 환경 개선 의지가 전혀 없었다. 이런 배경에서 누가 출산을 고려하겠는가.

일본인은 더욱 세금에 관심을 가져야 한다. 신종 코로나바이러스 대책에 지출된 거액의 세금이 제대로 사용되고 있는지 감시하고, 앞으로의 세금 징수 정책도 눈을 부릅뜨고 지켜봐야 한다. 지금까지 해왔던 것처럼 정치가나 관료에게 맡겨두면 국가는 제대로 운영될 수 없다. 여러분의 관심과 적극적인 세금 정책의 참여를 유도하기 위해 이 책을 썼다. 세금을 정확히 알고 유용하는 법을 배워 나라의 발전뿐 아니라 당신의 재정관리에 도움이 되기를 희망한다.

마지막으로 이 책의 제작을 위해 힘써주신 모든 분께 감사 인사를 전한다.

반드시 필요한 것 이상의 세금을 징수하는 것은
합법적 강도행위이다.
칼빈 쿨리지

불법적으로 번 돈에서 합법적인 세금을 거둘 수 없다.

알 카포네